Inhalt

Vorwort

Seit dem Ende des Kalten Krieges bis zu den heutigen Verhandlungen über einen autonomen Palästinenserstaat haben dramatische und unerwartete Veränderungen die letzte Dekade dieses Jahrhunderts bestimmt. In den mehr als 32 Jahren meiner beruflichen Laufbahn – zuerst als Mitglied des Friedenskorps und des diplomatischen Dienstes der Vereinigten Staaten von Amerika, später als Leiter des Fulbright-Stipendienprogramms – hatte ich die besondere Gelegenheit, einen Einblick und eine Vorstellung von dieser Flut von Veränderungen, die über die Welt hereingebrochen war, zu erhalten. Aus erster Hand habe ich in manche der verheerendsten Probleme Einblick gewonnen und beteiligte mich an einigen, relativ einfachen Lösungen, die am Ende das Leben von Millionen Menschen verbesserten. Die Erfahrung hat mir gezeigt, wie eine Welt geschaffen werden kann, die den Anforderungen aller gerecht wird.

In den Jahren, in denen ich für die Regierung tätig war, führte mich mein persönlicher Weg von den so genannten weltlichen "Hallen der Macht" zu einer Ebene von unendlich höherer Potenz und Größe, die in der Esoterik als die "Halle der Weisheit" bekannt ist. Diese "übernatürliche Welt" ist auf die innere Seite des Lebens gerichtet, auf die innewohnende spirituelle Essenz, die den Menschen in die Lage versetzt, durch beständige Ausweitung des Bewusstseins intuitiv zwischen dem Echten und dem Unechten, dem Wirklichen und dem Unwirklichen zu unterscheiden. Sie vermittelt eine Lebensqualität, von der die meisten Menschen heutzutage nicht einmal träumen.

Anfangs war mir allerdings noch nicht bekannt, dass viele meiner Kollegen in der Regierung und in diplomatischen Kreisen ähnliche Erfahrungen gemacht hatten und genauso wie ich, mit einzelnen Mitgliedern einer Gruppe außergewöhnlicher Wesen in Kontakt gekommen waren. Man könnte sie als die "älteren Brüder" der Menschheit bezeichnen, die Hüter des göttlichen Plans für unsere Evolution. Führende Weltpolitiker und bekannte einflussreiche Personen haben mir persönlich versichert, darüber zu wissen und an dem sich entfaltenden Plan mitzuarbeiten. Tausende ganz normaler Menschen aller Gesellschaftsschichten haben mit einem oder mehreren dieser vollendeten Menschen Erfahrungen gemacht, sie gesehen oder direkt mit ihnen gesprochen.

In diesem Buch möchte ich mit Ihnen nicht nur meine persönlichen Erfahrungen mit diesen wohltätigen Lehrern teilen, sondern auch einen kleinen Einblick in ihre umfangreiche Mission geben, wie auch in die Möglichkeiten, die sich uns für eine Zusammenarbeit bieten.

Der Pfad, den ich zu Anfang noch unwissend und später mit fester Absicht – beschritten habe, steht allen offen, die nach Wahrheit suchen, unabhängig von ihrer persönlichen religiösen Zugehörigkeit und den jeweiligen Lebensumständen. Es ist eine Reise der Selbsterforschung, die niemals endet.

Aufgrund meiner Erfahrung in beiden Welten, der "inneren" und der "äußeren", und trotz allem, was uns in den Abendnachrichten gesagt wird, bin ich zu der festen Überzeugung gelangt, dass uns in der Tat eine strahlende Zukunft bevorsteht. Wenn ich Ihnen nun meine Geschichte auf den folgenden Seiten schildere, werden Sie den Grund für meinen Optimismus erkennen; und vielleicht mögen Sie sich inspiriert fühlen, sich etwas näher mit dem umfangreichen Wissen der Zeitlosen Weisheit zu beschäftigen. Sie werden feststellen: Es ist Ihnen genauso nahe wie der örtliche Buchladen, der Computer — oder Ihr wahres Selbst.

Besonderen Dank möchte ich Benjamin Creme aus London aussprechen, der mich mit den Lehren der Zeitlosen Weisheit bekannt und vertraut machte und dem ich und unzählige andere in der Welt es verdanken, fortwährend mit den Einzelheiten über das Hervortreten dieser großen Lehrer informiert zu sein. Ich danke auch für die wertvolle Hilfe und Ermunterung der vielen Menschen, die glauben, dass meine

Erfahrungen sowohl für diejenigen, die sich informieren wollen, wie auch für diejenigen, die besorgt in die Zukunft blicken, sinnvoll und ermutigend sind.

Wayne S. Peterson
Henderson, Nevada

Eine Botschaft von Maria

"Wundern ist die Empfindung des Philosophen und
Philosophie beginnt mit der Fähigkeit, sich zu wundern."
—Platon

Alles begann an Weihnachten, als ich noch nicht einmal vier Jahre alt war. Einem dreijährigen Kind erscheinen alle Weihnachtsvorbereitungen aufwändig, doch sehr willkommen in einem ansonsten rauen und kalten Winter in Wisconsin.

Ich kann mich noch erinnern, wie ich am Weihnachtsabend meine Mutter fragte, welchem Zweck das alles diene. Ich konnte nicht verstehen, weshalb man sich so viel Mühe machte, um den Geburtstag von jemandem, der Jesus, das Christuskind genannt wurde, zu feiern. Während meine Mutter damit beschäftigt war, die kleinen Gipsfiguren der Heiligen Familie und der Hirten, der Tiere und der drei Weisen unter dem Weihnachtsbaum aufzustellen, erklärte sie mir (so gut sie es einem Dreijährigen erklären konnte), dass das Begehen des Weihnachtsfestes daran erinnere, dass Gott als Mensch auf die Erde gekommen war.

Meine Mutter bemerkte wohl, dass ich sie nicht verstanden hatte, denn ich wollte sogleich wissen, ob dieser Christus uns besuchen würde, um sich vor dem Fest unseren Christbaum anzuschauen. Es schien mir ganz normal, dass die Person, um deren Geburtstag so viel Aufhebens gemacht wurde, bei diesem Ereignis nicht fehlen durfte. Mir gefiel die Idee mit dem Weihnachtsbaum; als mir meine Mutter aber sagte, dass an meinem Geburtstag im März kein solcher Baum aufgestellt werden würde, konnte ich das nicht verstehen.

Meine Mutter führte mich an das Wohnzimmerfenster und zeigte auf die Sterne. Christus sei gestorben und zum Vater im Himmel gegangen, sagte sie. Diese Erklärung über das Wesen Gottes verwirrte mich und ich dachte angestrengt darüber nach. Ich spielte dabei mit den kleinen Figuren, wobei ich gelegentlich in den Kopf eines Lam-

12

mes oder eines Hirten biss, wenn meine Mutter gerade nicht hinsah. Wie konnte ich ahnen, dass die liebliche Gestalt der Maria, der Mutter Jesu, im blau-weißen Gewand, bald darauf, am Osterwochenende, für mich lebendig werden würde?

Eine Ostergeschichte

Ich erinnere mich, dass ich in jenem Winter 1945 häufig zum Arzt gebracht wurde, weil es mir nicht gut ging. Doch jedes Mal stellte unser Familienarzt nichts Ungewöhnliches fest.

Erst am Karfreitag, eine Woche nach meinem vierten Geburtstag, begann ich über starke Bauchschmerzen zu klagen. Meine Mutter steckte mich unter eine Decke auf das große Sofa im Wohnzimmer und ging dann in unsere geräumige Landhausküche, um meinem Vater und meiner älteren Schwester das Abendessen zu bereiten. Ich konnte ihre Stimmen hören — während ich dalag und an die Decke schaute.

Schon bald darauf aber vernahm ich ein ungewöhnliches Geräusch aus dem zweiten Stock. Es waren keine Schritte, sondern eher das Rascheln von aneinanderreibendem Stoff, wie Seide oder Satin. Ich nahm an, es müsse jemand oben sein und nun jeden Augenblick die Treppe herunterkommen.

Von meinem Sofaplatz aus wartete ich gespannt darauf, dass jemand erscheinen würde. Als das gleichmäßige Rascheln des Stoffes lauter wurde, fragte ich mich, wer das wohl sei. Meine Eltern hatten nichts von einem Gast im Haus gesagt. Trotzdem kam offensichtlich jemand die Treppe herunter.

Dann sah ich auf der obersten Stufe einen weißen Pantoffel, schimmernd wie Seide. Jetzt kam ein Kleid aus der gleichen weißen Seide zum Vorschein. Gemessenen Schrittes bewegte sich das fließende Gewand die Stufen herunter, bis ich die mysteriöse Person bis zur Taille sehen konnte. Im nächsten Augenblick beugte sich eine junge Frau nach vorn und schaute mir direkt in die Augen. Sie wusste offenbar genau, wo im Zimmer ich mich aufhielt, denn sie richtete ihren Blick, ohne im Geringsten zu zögern, direkt auf mich. Mit einem warmen, freundlichen Lächeln kam sie weiter die Treppe herunter, während ihre

Augen dabei fest auf mir ruhten. Ich war fasziniert von ihrer Kleidung und dachte mir, dass ihr Kleid ganz anders aussah, als das meiner Mutter und deren Freundinnen. Als ich auf den blauen Schleier guckte, den sie um den Kopf drapiert hatte und der über dem weißen Kleid lag, bemerkte ich plötzlich, dass diese Frau eine genaue Wiedergabe der Weihnachtsstatue von Maria war, identisch in jeder Hinsicht.

Sie kam durch das Wohnzimmer auf mich zu und mir wurde allmählich klar, dass es sich bei ihr um keinen gewöhnlichen Gast des Hauses handelte, sondern dass sie die *wirkliche* Maria, die Mutter des Christuskindes, dem Jesuskind aus der Weihnachtsdekoration sein musste.

Sie kniete neben mir nieder und fragte: "Warum bist du so traurig?" Ich dachte an alles Mögliche, was ich darauf sagen könnte, aber bevor ich noch antworten konnte, gab sie mir zu verstehen, dass sie bereits alles wusste. Ich erkannte, dass nicht nur sie meine Gedanken lesen konnte, sondern ich auch ihre.

Unvermittelt erklärte sie mir, ich sei in großer Gefahr. Sie sagte, ich müsse noch vor Ablauf der Nacht zum Arzt gebracht werden, weil es sonst zu spät sei und sie dann meinetwegen wiederkommen müsse. Sie fragte mich, ob ich verstanden hätte, was das bedeute.

Ich verstand, dass ich dann nicht mehr nach Hause kommen könnte und sie bestätigte dies. Sie erklärte mir, ich hätte die Wahl zu bleiben oder mit ihr zu gehen; es läge ganz bei mir. Sie erschien mir so schön, so liebenswürdig und verständnisvoll, dass ich schon nach kurzem Überlegen sagte, ich würde mit ihr gehen.

Sie lächelte sanft und meinte, dass meine Eltern und meine Schwester mich lieben würden und sicher sehr traurig wären, wenn sie mich mitnähme. Trotzdem bestand ich darauf, wenigstens später an diesem Abend mit ihr gehen zu dürfen. Sie schien enttäuscht zu sein über meine Entscheidung und wandte ihre Augen zur Decke. Als sie mich nach einem Moment des Schweigens wieder ansah, war ihr Ausdruck etwas strenger.

Sie sagte: "Ich verrate dir jetzt ein Geheimnis, das nur wenige kennen: Wenn du bei deiner Familie bleibst, wirst du den Christus sehen,

14

der kommen wird, um mit den Menschen in der Welt zu leben." Ich begriff sofort, dass Christus wieder unter uns sein würde und nicht oben im Himmel, wie meine Mutter mir Weihnachten erzählt hatte. Ich war begeistert; versuchte mich aufzurichten und fragte: "Wann, wann wird er kommen?"

Wieder lachte sie und stieß mich sanft auf mein Kissen zurück: "Du musst ruhig bleiben." Wenn ich älter sei, sagte sie, vielleicht ein Erwachsener, würde er kommen, und ich sei unter den Ersten, die ihn sehen und erkennen würden. Obwohl ich nicht gleich alles verstand, hatte ich doch den Eindruck, dass mein Leben sehr interessant werden könnte.

Nun aber begann ihre eigentliche Aufgabe. Sie erklärte mir, dass ich schnellstmöglich ins Krankenhaus müsse. Ich sollte meine Eltern davon überzeugen, dass ein Notfall vorliege. Ich kannte zwar den Doktor und sein Sprechzimmer in der Stadt, aber von einem Krankenhaus wusste ich nichts. Da sie mein begrenztes, kindliches Vokabular kannte, prägte sie mir die Worte genau ein, die ich meinen Eltern ausrichten sollte, und sogar deren Entgegnungen. Auf jeden das Krankenhaus betreffenden Einwand wusste sie eine entsprechende Antwort, welche ich mir merken sollte. Jeden Satz musste ich dreimal vor ihr wiederholen.

Schließlich konnte sie annehmen, dass ich auf die Auseinandersetzung mit meinen Eltern vorbereitet war. Sie versprach, dass der Hausarzt bereit sei und mich im Krankenhaus erwarte. Sie beruhigte mich, ich bräuchte keine Angst zu haben, alles würde gut werden. Dann küsste sie mich auf die Stirn und wickelte die Decke um meine Schultern. Sie ermahnte mich, dass ich mich warm halten solle.

Als sie mich verließ, ging sie durch die offene Küchentür, wo meine Familie gerade zu Abend aß. Sie bemerkten sie jedoch nicht und auch Maria schaute nicht in ihre Richtung. Maria näherte sich den schweren grünen Vorhängen, die das Wohnzimmer vom Nebenraum trennten und tauchte geräuschlos in das Gewebe ein, ohne es im Geringsten zu bewegen. Als ich sie so entschwinden sah, ahnte ich selbst als vierjähriges Kind, dass sie etwas ganz Besonderes war.

15

Kaum war sie gegangen, rief ich auch schon laut nach meinen Eltern. Es war schon dunkel draußen und es blieb nicht mehr viel Zeit zu meiner Rettung; ich musste so bald wie möglich ins Krankenhaus gebracht werden.

Als ich dies meinen Eltern mitteilte, antworteten sie genau so, wie es Maria vorausgesagt hatte. Es war, als erlebte ich alles zweimal. Schließlich stimmte mein Vater zu, den Arzt anzurufen, wenngleich es schon spät und Karfreitag war und in unserer kleinen Stadt bereits seit dem Mittag alles geschlossen hatte.

Mein Vater war überrascht, sogleich den Doktor anzutreffen und dass dieser vorschlug, mich direkt ins Krankenhaus zu bringen. Mein Blinddarm wurde kurz bevor er platzte, entfernt. Beim ersten Sonnenstrahl am Morgen des Ostersonntags wachte ich auf konnte mich an nichts mehr erinnern.

Erinnerung an ein Versprechen

Mit den Jahren verblassten meine Erinnerungen und das Ereignis aus meiner Kindheit geriet in Vergessenheit. Erst eine Fernsehsendung aus Hollywood, 1982, brachte alles wieder hervor. Was an Weihnachten vor so langer Zeit begonnen hatte, rollte wieder vor mir auf. Aus der Erinnerung drang plötzlich alles ganz klar ins Bewusstsein und ich dachte: "Das könnte es sein, was die Madonna 1945 versprochen hatte."

Zufall und Gelegenheit

"Leben ist das, was mit uns geschieht, während wir anderes planen."

—Thomas La Mance

Nach meiner lebensrettenden Begegnung mit der Madonna, wuchs ich als ganz normales Kind in einer freundlichen Stadt im mittleren Westen von Amerika auf.

Im Alter von 12 oder 13 Jahren las ich ein Buch über einen Diplomaten im Dienst des ägyptischen Pharaos. Dieser Diplomat und seine Familie wurden in ein Land geschickt, das sich häufig im Krieg mit Ägypten befand, und so war sein Leben beschwerlich und erforderte große Geduld. Er und seine Familie waren jedoch bereit, diese Schwierigkeiten auf sich zu nehmen, da sie glaubten, dies sei der einzige Weg, weitere Kriege und Misstrauen zwischen den beiden Ländern zu verhindern.

Die fiktive alte Geschichte faszinierte mich und ich beschloss, meinem Land später einmal in ähnlicher Form zu dienen. Doch Jugendträume werden in der realen Welt selten wahr und ich erkannte bald, dass es schwer sein würde, mein Berufsideal zu erreichen. Trotzdem wählte ich – als ich mich zum Studium an der Universität von Wisconsin in Madison einschrieb – Internationale Beziehungen und Fremdsprachen, beides Fächer, die sich als nützlich erweisen würden, falls ich jemals eine Diplomaten-Laufbahn einschlagen sollte.

Als ich mich 1964 dem Ende meines Studiums näherte, realisierte ich, dass ich bisher wenig an das Leben nach dem Studium gedacht hatte. Tatsächlich hatte ich keine Ahnung, welche Anstellungsmöglichkeiten sich mir boten. Ich spürte noch immer ein starkes Verlangen nach einer auswärtigen Tätigkeit, genauer gesagt, in Brasilien. Da ich brasilianisches Portugiesisch studiert hatte, fühlte ich mich ausreichend vorbereitet, den Versuch zu wagen, in diesem Land zum Wohle Amerikas zu arbeiten. Ich wartete auf eine sich bietende Gelegenheit aber nichts geschah — bis unmittelbar vor den Abschlussprüfungen.

Am Morgen dieses Tages beendete ich eine meiner Examensarbeiten und begab mich gleich darauf zu einem Imbiss zur Studentenvereinigung. Beim Betreten des Gebäudes bemerkte ich eine Gruppe von Leuten, die eine Ausstellung für das Friedenskorps aufbauten. Da ich mich nicht sonderlich für das Friedenskorps interessierte, ging ich an der Ausstellung vorbei. Plötzlich hörte ich jemanden nach mir rufen. Ein gut gekleideter Herr in dunklem Anzug und passender Krawatte rief mir etwas zu über den "Eintritt in das Friedenskorps" und die "großen Chancen, die auf mich warteten."

Ich ging zum Tisch zurück und wir unterhielten uns über meine Eignung für eine auswärtige Tätigkeit. Offensichtlich war er von meinen Fähigkeiten beeindruckt, denn er wiederholte mehrmals, dass es genau das sei, was ich bräuchte, um für meine Zukunft gerüstet zu sein. Als Haupteinwand gegen das Friedenskorps brachte ich vor, dass man das Land, in dem man eingesetzt würde, nicht selber auswählen könne.

"Das ist kein Problem", entgegnete der Mann gut gelaunt. "Für Sie machen wir eine Ausnahme."

Das gefiel mir, aber ich wollte etwas wirklich Nützliches tun und nicht nur Freunde gewinnen und an netten Aktivitäten teilnehmen, die zwar in mancher Hinsicht zweckdienlich sein mögen, die jedoch den Menschen in Armut wenig helfen. Ich wollte ein sinnvolles und nachhaltiges Programm.

Mein Gegenüber beharrte darauf, dass das Friedenskorps eine größerer Bedeutung habe, als die meisten Menschen ahnten. Er erklärte, dass amerikanische Freiwillige im Ausland unentbehrliches praktisches Wissen über die Welt erwerben, das heutzutage in Regierungskreisen, Schulen und ganz allgemein in der Gesellschaft weitgehend fehle. Er gab mir zu überlegen, dass die erworbenen Kenntnisse eines Tages den Weg ebnen könnten für zukünftige Positionen in der Regierung oder dem amerikanischen diplomatischen Dienst. Mein Werdegang, so fuhr er fort, sei absolut geeignet für solche Positionen, und mit der richtigen Einstellung könnte ich im Ausland Projekte schaffen, die sinnvoll und von Dauer wären.

Wir verhandelten weiter und als wir dem Kern der Sache näher kamen, präzisierte ich meine Bitte, bestimmte Gebiete in Brasilien einzubeziehen. Auch dieser Wunsch wurde mir erfüllt. Am Ende war ich bereit, nach Brasilien zu gehen — vorausgesetzt, solche Ausnahmeregelungen könnten für mich getroffen werden. Doch zunächst wollte ich wissen, mit welcher Berechtigung er diese Zusagen machte.

"Entschuldigen Sie", sagte er. "Ich vergaß mich vorzustellen. Ich bin David Rockefeller, ein Freund des Friedenskorps-Direktors in Washington."

Nur um etwas zu sagen, bemerkte ich, er hätte ja den gleichen Namen wie der Präsident der Chase Manhattan Bank in New York.

"Das bin ich", sagte er freundlich und erklärte mir, er glaube so sehr an das Friedenskorps und sein Ideal, weniger glücklichen Menschen zu helfen, dass er seinen alten Freund, Feldwebel Shriver (den ersten Friedenskorps-Direktor), angerufen und ihm angeboten habe, an einem Tag im Jahr Freiwillige zu rekrutieren. Shriver hatte ihm vorgeschlagen, zur Universität von Wisconsin zu gehen — einerseits wegen des ausgezeichneten Studienprogramms im Fach Internationale Beziehungen, und andererseits, weil sich hier im vergangenem Jahr die größte Anzahl von Freiwilligen gemeldet hatte. Heute war also der besagte Tag von Herrn Rockefeller und ich war sein erster Kandidat, der diese Herausforderung annahm.

Innerhalb weniger Wochen nahm ich bereits an einer Friedenskorps-Ausbildung für Freiwillige teil, die Brasilien zugewiesen waren. Nur ein paar Monate später befand ich mich auf meiner Jungfernreise von New York nach Rio de Janeiro. Herr Rockefeller hielt sein Versprechen, das er mir gegeben hatte, und ich glaube, dass ich seiner Vision, was ein junger Amerikaner mit den sich bietenden Möglichkeiten des Friedenskorps erreichen kann, entsprach.

Rio — das Herz Brasiliens

Die Ankunft in Brasilien bedeutete die Erfüllung eines Traumes und für unser kleines Team von eifrigen neuen Rekruten waren die ersten Wochen, in denen wir uns mit Rio vertraut machten, wie ein kurzes, aber aufregendes Abenteuer. Wir wohnten in einem kleinen Hotel in der Nähe des Geschäftsviertels von Rio. Täglich machten wir uns in kleinen Gruppen auf, diese exotische, tropische Stadt – "das Herz Brasiliens", wie die Brasilianer ihre geliebte Hauptstadt nennen – zu erkunden.

Das war 1964 und damals war Rio noch die funktionierende Hauptstadt. In unserer Gruppe sprach ich als einer der wenigen fließend portugiesisch. Diese Sprache würden wir nun täglich brauchen, um zu überleben. Meine Studienjahre mit fortgeschrittenen Kursen in brasilianischem Portugiesisch, in brasilianischer Geschichte und Geographie waren mir nun von Vorteil.

Für jemanden, der wie ich aus dem kalten Wisconsin kam, erschien dieses neue, tropische Land mit seinem endlosen Sommer, den üppigen Auslagen mit Früchten und der schier unerschöpflichen Höflichkeit der Brasilianer wie ein Paradies. Ich wusste aber auch, dass wir weitab vom Großstadtvergnügen in entfernteren Winkeln Brasiliens schon bald eine andere, weniger glanzvolle Welt zu Gesicht bekommen würden.

Die meisten aus meiner Gruppe waren nach Mato Grosso geschickt worden, einem Dschungelstaat an der Grenze zu Bolivien. Als einziger wurde ich zur Nordostküste nach Maceió, der Hauptstadt des Staates Alagoas gesandt. Dieses brasilianische Gebiet verfügt über eine lange Geschichte europäischer Lebensart, da es schon früh von portugiesischen Einwanderern besiedelt wurde.

Gemeinsam mit einer Gruppe amerikanischer Freiwilliger, die bereits vor mir angekommen waren, bestand meine erste Aufgabe darin, mit den im ganzen Staat verstreuten Gesundheitszentren zusammenzuarbeiten. Wir waren darauf vorbereitet, über vermeidbare Krankheiten durch verdorbenes Wasser und ungenügende Hygiene zu sprechen, doch für die Krankheiten, an denen diese Menschen hauptsächlich litten, waren wir überhaupt nicht ausgerüstet. Ein Arzt besuchte jede Klinik nur für wenige Stunden in der Woche. Wenn also der Doktor nicht da war, kamen auch keine Patienten, die Klinik war leer und unsere Arbeit nahezu wirkungslos.

Bald fand ich geeignetere Möglichkeiten, meine Zeit zu verbringen. Ich zog mit einem Freund aus dem Friedenskorps in ein Slumviertel. Die Hütten waren alle aus Lehm gebaut und hatten Strohdächer. Wir zogen in eines der "besseren" Modelle mit einem Betonboden, Ziegeldach, verputzten Lehmwänden und sogar einem Fenster. Da das Licht durch alle Ritzen des Ziegeldaches drang, wurde es im Haus nie dunkel. Es gab weder Installationen, noch fließendes Wasser oder Betten. Wir schliefen in Hängematten, wie die meisten in Armut lebenden Brasilianer.

Mein amerikanischer Mitbewohner arbeitete an einem Regierungsprojekt, bei dem es darum ging, Wasserquellen zu erschließen; während ich den Anstoß zu einem gemeinschaftlichen Bemühen gab, das ein wenig Ordnung in diese Ansammlung von Behausungen bringen sollte. Obwohl es Hunderte von diesen Domizilen gab, waren sie meist illegal erworben und daher auch nicht an öffentliche Versorgungs- und Gemeinschaftseinrichtungen angeschlossen.

In öffentlichen Versammlungen ermutigten wir die Bewohner, sich zu organisieren und von der Regierung eine Strom- und Wasserversorgung zu fordern. Wir erhielten vielversprechende Zusagen der Politiker. Der katholische Priester vor Ort bot als Hilfe an, für weitere politische Kontakte zu sorgen und brachte mich mit einem amerikanischen Besucher von einer katholischen Hilfsorganisation in Kontakt. Die Organisation bot finanzielle Hilfe bei der Installation einer Wasserversorgung in der Gemeinde an, allerdings nur unter der Bedingung, dass ich die Aufsicht über die Gelder und den Fortgang der Arbeiten behielt. Da ich im Friedenskorps genau dafür ausgebildet worden war, nahm ich das Angebot freudig an.

Ich konnte mir nicht vorstellen, dass die für die Region zuständige Friedenskorps-Leiterin irgendwelche Probleme mit einer derart großzügigen Vereinbarung haben könnte. Als sie nach Maceió kam, bat ich um ihre Zustimmung für dieses Projekt. Doch aufgrund der finanziellen Verbindung zu der amerikanischen Hilfsorganisation, war sie sofort dagegen. Dies war meine erste Lektion in echter Weltpolitik. Sogar im Friedenskorps schien es politische Tabus zu geben.

Ich dachte nur an die Fortschritte, die wir in dem Slumviertel bereits erzielt hatten und hoffte inständig, dass das neue Projekt auch weiterhin jeden, der daran beteiligt war, Auftrieb geben würde. Doch meine Pläne zerflossen zusehends, da die Regionalleiterin meine Beteiligung an dieser Initiative ablehnte. Dass das Friedenskorps diesen ausgeschlossenen Menschen, die in absoluter Armut lebten, die Hilfe für das Notwendigste – in diesem Fall Toiletten – verweigerte, bloß weil die Gelder aus *unserem eigenen Land* kamen, war für mich absolut unverständlich. Ich dachte, wenn ich mit dem obersten Direktor des Friedenskorps in Rio sprechen könnte, würde sich alles zum Guten wenden.

Meine Auseinandersetzungen mit der Regionalleiterin wurde in den folgenden Tagen noch erbitterter. In rüdem Ton gab sie mir zu verstehen, Studenten mit dem Hauptfach "Politische Wissenschaft" hätten schon immer Anlass zu Ärger im Friedenskorps gegeben. Auch warf sie mir vor, zu viele brasilianische Freunde aus der Mittelschicht zu haben, obwohl ich in Wirklichkeit meine Tage mit den Ärmsten der Armen verbrachte. Vermutlich zielte sie auf meine nächtlichen Unterrichtsstunden für eine Gruppe von Journalisten und Universitätsstudenten ab. Als weitere Debatten mit ihr sinnlos schienen, entschloss ich mich, nach Rio zurückzukehren. Ich ging davon aus, dass man meine Arbeit im Innenministerium anders beurteilen würde.

So verabschiedete ich mich von meinen neuen brasilianischen Freunden. Ich freute mich über ihren herzlichen Abschied und über die Zeitungsartikel, die über meine Arbeit berichteten. Diese positiven Artikel waren von den Journalisten aus meinen Englischkursen geschrieben worden.

Meine Ankunft in Rio war alles andere als erfreulich. Ich war überrascht, dass der Friedenskorps-Leiter des Landes – der Generaldirektor – es nicht für nötig hielt, mir einen Termin zu geben, um das Projekt zu besprechen. Nach einigen Wochen, in denen ich die Zeit mit Büroarbeiten im Hauptquartier verbracht hatte, war mir die ganze Organisation zuwider. In einem Brief an meine Eltern in Wisconsin schilderte ich mein Dilemma und legte auch die Zeitungsartikel aus Maceió bei. Ich machte keinen Hehl daraus, das ich mich ernsthaft mit dem

Gedanken trug, vorzeitig meinen Aufenthalt in Brasilien abzubrechen und nach Hause zu kommen. Doch gerade als ich nur noch schwarz sah, hatte das Schicksal bereits andere Möglichkeiten für meine Arbeit in diesem Land ersonnen.

Eine neue Gelegenheit

In der ersten Woche nach meiner Ankunft in Rio traf ich einen Assistenten des Direktors, dessen Aufgabe es war, nach neuen Projekten für Freiwillige zu suchen. Er erzählte mir, einige Geschäftsleute aus dem Süden Zentralbrasiliens hätten ihn um einen Mitarbeiter aus dem Friedenskorps gebeten, der ihnen helfen sollte, menschenwürdige Verhältnisse für die Bettler in ihren Straßen zu schaffen. Er sagte, mit meinen Sprachkenntnissen wäre ich perfekt für dieses Projekt geeignet. Ich würde in einem Gebiet arbeiten, wo noch kein Friedenskorps-Mitarbeiter bislang gewesen sei und ich müsste alleine und ohne Aufsicht klar kommen. Dies klang mir zu schön, um wahr zu sein, und so war es auch! Der Generaldirektor wies die Idee sofort zurück, obwohl sein eigener Assistent sie vorgebracht hatte. Mehr noch: Er wollte mit mir nicht einmal über seine Gründe sprechen und erwähnte seinem Personal gegenüber, er hoffe, ich würde geradewegs nach Hause fahren.

Eines Morgens jedoch marschierte er ins Büro und rief voller Begeisterung meinen Namen: "Wayne, kommen Sie herein und lassen Sie uns miteinander reden. Wir hatten ja noch gar keine Gelegenheit zu einem richtigen Gespräch."

Das ganze Büroteam schaute erstaunt auf; sie alle wussten, dass dieser Mann sich ständig geweigert hatte, mit mir das Projekt in Nordbrasilien oder irgendwelche Einzelheiten in dieser Angelegenheit zu besprechen. Aus welchem Grund auch immer, heute war es anders. Er führte mich in sein Büro und erklärte, er habe einen Abgesandten nach Maceió geschickt, um meinen Fall zu untersuchen. Der Bericht ergab, dass ich nie ein Unruhestifter gewesen sei, wie die Regionalleiterin es behauptet hatte. "Was wollen Sie jetzt tun?", fragte er. Ich hatte nur einen Gedanken: das neue Projekt, das er soeben abgelehnt hatte.

"Nein, nein, nicht das", rief er aus, sobald ich es erwähnte. Stattdessen bot er mir einen Job in Rio de Janeiro an, von dem ich gleich wusste, es würde eine nichts sagende Aufgabe werden. Er versuchte, mich zu ermuntern, in Rio zu bleiben, wo ich das Großstadtleben genießen könne, bis mein Dienst in Brasilien beendet sei. Das war scheinbar seine Art, mir zu sagen: "Geh mir aus dem Weg". Offenbar wollte er mich dort sicher untergebracht haben, wo er immer ein Auge auf meine Aktivitäten werfen konnte. Ich aber blieb unerbittlich und wollte nur das "Bettler"-Projekt. Schließlich gab er nach; jedoch nicht, ohne zuvor seine Abneigung gegen das Projekt geäußert zu haben. Er gab mir zu verstehen, dass ich von seinem Büro keine Hilfe zu erwarten hätte und daher vollkommen auf mich selbst gestellt sein würde. Ich nahm auf der Stelle an.

Intervention aus Washington

Warum, so wunderte ich mich, hatte dieser Mann mich plötzlich sehen wollen und mir dann auch noch die Freiheit gewährt, gegen seinen Willen in Südbrasilien zu arbeiten? Ein Brief meiner Mutter, der eine Woche später eintraf, gab mir die Antwort.

Folgendes war inzwischen geschehen: Ausgerechnet an dem Tag, an dem mein entmutigter Brief zu Hause ankam, hatte unser Kongressabgeordneter Melvin Laird (der bald darauf Verteidigungsminister wurde) zusammen mit einigen Helfern aus Washington meine Eltern aufgesucht. Es war wohl das einzige Mal, dass der Kongressmann jemals unser Haus besuchte. Während Laird gerade die neuen Kongress-Distriktgrenzen mit meinem Vater erörterte, war meine Mutter zum Briefkasten gegangen und hatte dort meinen Brief mit den Zeitungsausschnitten gefunden. Sie zeigte alles sogleich dem Kongressabgeordneten, der sich darüber empörte, dass ich so schlecht behandelt wurde.

Anscheinend war Laird ein starker Verfechter der Friedenskorps-Idee, seitdem sie von Präsident Kennedy ins Leben gerufen worden war. Laird machte dem Friedenskorps in Washington unverzüglich klar, dass es mir erlaubt sein müsse, für jedes Projekt meiner Wahl zu arbeiten. Nun konnte ich den Verhaltenswandel des Generaldirektors verstehen. Scheinbar war der Kongress in Washington schneller als die internationale Post.

Was der Kongressabgeordnete Laird dem Friedenskorps-Direktor in Washington gesagt hatte, erfuhr ich zwar nie, doch wenn ich daran denke, was während meiner ersten Woche in der Stadt meiner neuen Bestimmung mit dem Bettler-Projekt geschah, musste die Mitteilung eingeschlagen haben. Ich wohnte bei einer brasilianischen Familie mit vier Kindern in der Stadt Itapira, als ich ein Telegramm aus dem Hauptquartier des Friedenskorps in Washington erhielt. Mir war bereits bekannt, dass genau am selben Tag Herr Shriver als erster Direktor in den Ruhestand ging und von Herrn Vaughn abgelöst werden sollte.

Ich öffnete das Telegramm und las die darin enthaltene Kurzmitteilung laut vor: "Sehr geehrter Herr Peterson, *ich bin* der neue Direktor des Friedenskorps, *nicht* Sie." Das Telegramm war unterzeichnet mit: "Jack Hood Vaughn, Friedenskorps-Direktor."

Meine neue brasilianische Familie amüsierte sich köstlich über die humorvolle Mitteilung.

Bettler, wo man hinsieht

Die ersten Wochen in der Stadt Itapira verbrachte ich damit, mich mit Leuten zu treffen, die bei dem Programm für die Menschen auf der Straße behilflich sein könnten. In einer ruhigen Straße eröffneten wir in Räumlichkeiten, die uns freundlicherweise zur Verfügung gestellt wurden, ein Büro, und ich sprach bei örtlichen Gewerbeverbänden vor, um sie um ihre Unterstützung zu bitten. Auch diskutierten wir mit lokalen Regierungsbeamten, welche Möglichkeiten es gab.

Schließlich hatten wir genügend Freiwillige, dass wir mit einer ersten Bestandsaufnahme beginnen konnten: Was benötigten die Armen? Und wer, außer den Bettlern, hatte Bedarf an zusätzlichen Nahrungsmitteln, Obdach und medizinischer Versorgung? Nachdem wir einen Überblick über den tatsächlichen Bedarf gewonnen hatten, sammelten wir Lebensmittel- und Geldspenden. Entscheidend war, und darin waren wir uns einig, dass wir keine Spenden von staatlichen Stellen akzeptieren wollten. Die Korruption gehörte im großen Regierungsgeschäft zum Alltag und wir wollten die Menschen wissen lassen, dass alles, was sie spendeten sofort gebraucht und nichts verschwendet wird.

Wie in vielen Entwicklungsländern glaubte man damals auch in Brasilien, dass soziale Projekte nur durch die Regierungen finanziert werden sollten. Sobald sich die Regierung in irgendeiner Weise beteiligt zeigte, war es unmöglich, noch private Gelder zu erhalten. Wir wollten den Leuten verständlich machen, dass dies eine neue Vorgehensweise war, um ihre grundlegenden sozialen Probleme zu lösen, indem wir uns um die Armen und Mittellosen kümmerten. Wir sagten ihnen, dass jede Spende nur in *ihrer* Stadt verwendet und durch *ihre* ehrenamtlich mitarbeitenden Bürger verteilt werden würde. Zur Überraschung aller trafen die Spenden weitaus schneller als erwartet ein. Die Menschen wollten helfen, doch bisher hatten sie keinen anderen Weg zum Spenden, als einigen namenlosen Bettlern einige Münzen hinzuwerfen.

Nach kurzer Zeit stellten wir fest, dass es viele bedürftige Familien gab, deren Stolz ihnen verbot, in der Öffentlichkeit zu betteln und die stattdessen lieber hungerten. Das Problem konnte gelöst werden, indem wir den Menschen die Gelegenheit gaben, zu uns ins Büro – mit dem Namen S.O.S. – zu kommen und persönlich, ohne Verlust ihrer Würde, mit einem unserer ehrenamtlichen Mitarbeiter zu sprechen.

Da die Gesundheitsvorsorge und die Kindererziehung ebenfalls auf der Prioritätenliste standen, benötigten wir schon bald mehr Freiwillige. Ich bat die angesehensten Frauen in der Gemeinde, uns als Ausbilderinnen und Beraterinnen für Kinderpflege behilflich zu sein. Ich wusste, wenn sie mitarbeiteten, würden sich auch andere anschließen. Zunächst weigerten sie sich, weil sie meinten, nicht genug bieten zu können, doch bereits nach dem ersten Vortrag erkannten sie die erdrückende Not. Sie waren schockiert, wie wenig die jungen Mütter aus verarmten Familien über die Versorgung ihrer Kinder – wie das Baby richtig halten, füttern, waschen und Erkrankungen verhüten – wussten. Mit einem Mal hatten die reichen Damen eine neue Aufgabe, mit der sie ihrer Gemeinde einen Dienst erweisen konnten. Sie waren geradezu begeistert, als sie erkannten, wie viel sie selber beitragen konnten.

Einmal in der Woche wurden die Frauen aus mittellosen Familien, die zu uns ins Büro kamen, um Lebensmittel abzuholen, angehalten, an einem einstündigen Vortrag über Gesundheit und Kinderversorgung teilzunehmen. Das Resultat war enorm. Fast über Nacht gab es in den Straßen von Itapira keine Bettler mehr. Wir waren sicher, es musste niemand mehr hungern, aber noch wichtiger war, dass wir jetzt wussten, die Gemeinde hatte den Willen und die Fähigkeit, das Programm fortzusetzen.

Es war offensichtlich, dass die Möglichkeit bestand, dieses Konzept in jeder Stadt in Brasilien einzusetzen. Also startete ich mit zwei meiner neuen brasilianischen Freunde aus Itapira eine Kampagne und reiste in andere, nahegelegene Städte, um auch dort von unseren Erfolgen zu berichten. Unsere Veranstaltungen wurden von den örtlichen Gewerbeverbänden organisiert und waren immer gut besucht. Viele kamen auch nur aus Neugier, weil sie wissen wollten, wer eigentlich dieser Amerikaner mit dem Fürsorgeauftrag war.

Bald wurden in anderen Städten der Region eigene S.O.S.-Programme initiiert. S.O.S. bedeutet in Brasilien HILFE, ebenso wie in den USA. Aus dem Portugiesischen übersetzt, heißt es wörtlich: Gesellschaft für Sozialdienst (Obras). Wir erhielten auch Einladungen von Bürgermeistern und Kirchenvorstehern, um in ihren Gemeinden zu sprechen.

Eines Tages erschien ein Offizier des militärischen Hauptquartiers in Rio mit der Bitte, einen Artikel über S.O.S. schreiben zu dürfen. Er machte ein Foto von mir und sagte, wir würden von ihm hören. Das war dann auch der Fall, und wieder steuerte mein Leben in eine andere Richtung.

Eines Sonntags zeigte mir meine brasilianische Familie die Zeitung von Sao Paulo, der größten Stadt Brasiliens und jetzigen Hauptstadt. Die Sonntagsausgabe erscheint in Hunderten von brasilianischen Städten. Auf der Titelseite war mein Foto und die Geschichte über S.O.S. Der Offizier hatte diese Geschichte an die Presse weitergegeben. Das Foto war riesengroß mit einer Schlagzeile über einen Mitarbeiter des Friedenskorps, der am Aufbau eines äußerst erfolgreichen Fürsorgeprogramms beteiligt war. Die Story darunter verwandelte meinen regionalen Versuch in eine bundesweit anerkannte Einrichtung. Später übernahm die Frau des brasilianischen Präsidenten die offizielle Leitung von S.O.S., und das Konzept dehnte sich über die Städte im ganzen Land aus.

Der Artikel hatte unmittelbare Folgen für mich. Denn das amerikanische Konsulat in Sao Paulo bat mich zu einer Unterredung mit dem Generalkonsul. Zwei brasilianische Freunde begleiteten mich zu dem Treffen. Wir waren überrascht, als uns der amerikanische Botschafter fragte, ob S.O.S. noch mehr Freiwillige des Friedenskorps benötige. Das war zweifellos ein völliger Sinneswandel. Ich erinnerte mich noch gut daran, wie sich der Generaldirektor verhielt, als ich mich bei ihm verabschiedete, um für das neue Projekt nach Itapira zu gehen.

Als der amerikanische Botschafter in Rio die Geschichte in der Zeitung las, war er erfreut, dass das Friedenskorps schließlich doch ein positives Echo in der brasilianischen Presse gefunden hatte. Man erzählte mir, er habe begeistert den Direktor des Friedenskorps angerufen, um mehr Einzelheiten zu erfahren. Der Direktor hatte die Zeitung allerdings noch nicht einmal gesehen und musste zugeben, dass er tatsächlich keine Ahnung davon hatte, was ich in Itapira tat. Trotz seiner Frustration über diese Situation, überwand er schließlich doch seinen Hochmut und lud mich zu einem Gespräch nach Rio ein.

Mittlerweile hatten Angehörige der Botschaft meine kleine Stadt besucht, um das Projekt zu bestaunen. Sie schlugen mir vor, ein weiteres Jahr als Freiwilliger zu bleiben, denn sie waren der Meinung, das Projekt sei zu wichtig, um es im Anfangsstadium bereits in andere Hände zu geben. Ich hatte jedoch nicht die Absicht, meine Dienstzeit für das Friedenskorps zu verlängern und setzte meine Gesprächspartner davon in Kenntnis.

Daraufhin schlugen die Diplomaten vor, ich solle doch die Beamtenlaufbahn im diplomatischen Dienst einschlagen und ein Gesuch um eine Stellung in der amerikanischen Botschaft in Brasilien einreichen. Das sagte mir zu, aber ich hatte keine Ahnung, wie lange ich auf eine Entscheidung zu warten hatte und ob man mich überhaupt nehmen würde. Damals gab es Zehntausende von Bewerbern für den diplomatischen Dienst und lediglich ein Dutzend Stellen im Jahr. Ich wusste, es würde sehr schwer werden.

"Kein Problem", meinten meine neuen diplomatischen Freunde. "Wir werden in Washington dafür sorgen, dass Sie in die Endausscheidung gelangen, somit gäbe es nur noch eine mündliche Prüfung."

Schließlich wurde ich zur Botschaft geladen und legte vor einer Gruppe von Beamten mein mündliches Examen ab. So konnte ich das Examen für den amerikanischen diplomatischen Dienst in Brasilien abschließen, noch bevor ich das Friedenskorps verließ. Innerhalb weniger Wochen erhielt ich die Mitteilung, dass ich angenommen worden sei und als Assistent des Kulturattachés nach Brasilien zurückgesandt werden würde.

Während meiner letzten Monate im brasilianischen Friedenskorps versuchte der Direktor in Rio verzweifelt, mit der Entwicklung unserer expandierenden S.O.S.-Büros Schritt zu halten. Das Friedenskorps wollte jetzt mehr Aufgaben übernehmen. Der amerikanische Botschafter in Brasilien verlangte, dass dem neuen Programm mehr Helfer zugeteilt werden sollten; aber er wurde vom Friedenskorps-Direktor enttäuscht und informierte diesbezüglich das Außenministerium. Auf Veranlassung von Washington wurde – nicht ganz unerwartet – der Direktor gebeten, sein Amt niederzulegen.

Vielleicht aus Enttäuschung lud mich der Generaldirektor zu einem Erntedank-Dinner ein. Ich versuchte abzusagen, da ich zuviel zu tun hätte, aber er bestand darauf, dass ich nach Rio kam. Ich ging zum also Abendessen und traf außer dem Botschafter auch Bobby und Ethel Kennedy unter den Gästen an. Kennedy befand sich in Brasilien, um daran zu erinnern, dass sein Bruder John es gewesen war, der während seiner Zeit als Präsident die Fortschrittsallianz zum Wohl Lateinamerikas ins Leben gerufen hatte. Bobby war gerade im Begriff, seine eigene Kampagne für die amerikanische Präsidentschaft zu starten. Ich wurde neben Ethel gesetzt und registrierte, dass ich der einzige Freiwillige unter den Anwesenden war. Obwohl es mir gefiel, diese außergewöhnlichen Leute zu treffen, fragte ich mich: "Warum gerade ich?"

Die Antwort kam, als die Kennedys und der Botschafter gegangen waren. Der Friedenskorps-Direktor nahm mich zur Seite und beschuldigte mich, seine Stellung in Rio und seine Zukunft im diplomatischen Dienst zu hintertreiben. Er verlangte Antworten und hoffte wahrscheinlich, ich könne seine Karriere retten. Ich bin sicher, er bedauerte, dass er damals die Verbindung zu mir abgebrochen hatte. Vergeblich versuchte ich ihm klar zu machen, dass nicht ich die Beamten in Washington gebeten hatte, ihn zu entfernen. Es sei der Botschafter selbst gewesen, der mit seiner Leistung nicht zufrieden war. Ich hatte kein böses Wort über ihn gesagt, allerdings dem Botschafter auch nicht verschwiegen, dass er mir jegliche Unterstützung und Kontakte verweigerte, als ich das S.O.S.-Projekt in Angriff nahm.

Ich ging zu meinem Projekt in Itapira zurück, um die bis zum Ende meiner Dienstzeit noch verbleibenden Monate in Ruhe zu arbeiten.

In den vergangenen 30 Jahren bin ich wiederholt in diese Stadt zurückgekehrt, um meine Freundschaft mit denen zu erneuern, die ich für die liebenswürdigsten und rücksichtsvollsten Menschen halte, die ich kenne.

Zu Hause in Wisconsin blieben mir nur wenige Wochen, ehe ich in Washington für den diplomatischen Dienst vereidigt wurde und meine neue Laufbahn begann.

Das Betreten der Hallen der Macht

"Das Leben kann nur rückblickend verstanden werden.
Es muss aber vorausschauend gelebt werden."

— Sören Kierkegaard

Anfang des Jahres 1967 wurde ich in Washington mehrere Monate lang auf die Arbeit in der amerikanischen Botschaft in Brasilien vorbereitet und geschult. Bis zu unserem Flug nach Rio, der mit Pan American Airways gebucht war, lief alles reibungslos. Ich flog in Begleitung von zwei jungen Beamten des diplomatischen Dienstes, die ebenfalls nach Brasilien gesandt wurden. Irgendwo über der Karibik, zwischen Miami und Panama, fiel ein Triebwerk unserer Maschine, einer Boing 707, aus. Das war kein Grund zur Panik, denn der Pilot versicherte uns, wir würden ohne weiteres Panama erreichen, und so war es dann auch. Während wir warteten, wurde das Flugzeug repariert. Viele Passagiere zogen es jedoch vor, ihre Reise nach Bogotá, Kolumbien mit einer anderen Maschine fortzusetzen.

Auf dem Weiterflug setzte dann irgendwo zwischen Panama und Bogotá das zweite Triebwerk aus. Unsere Maschine war nicht schwer beladen und wir waren erleichtert, als der Pilot uns abermals versicherte, alles würde gut verlaufen. Tatsächlich schaffte das Flugzeug diese Strecke über die Berge nach Bogotá mit den verbliebenen zwei Triebwerken. Der nächste Schlag traf uns auf dem Weg nach Lima, Peru, wo es dann ziemlich ungemütlich wurde. Als ich bemerkte, dass meine beiden Freunde und ich als einzige Passagiere wieder einstiegen, hatte ich schon einen gewissen Vorbehalt, was diesen Flug betraf.

Es war bereits dunkel als wir in Bogotá abflogen. Nachdem wir einige Zeit in der Luft waren, sagte ich zu meinen Kameraden, es sei doch seltsam, dass sich die Flügelklappen auf unserer Seite in Landeposition befänden. Auch bemerkte ich, dass sich das Flugzeug unruhig hin und her bewegte. Man erklärte uns, wir sollten uns keine Sorgen machen, doch schon gleich darauf rief der Kapitän die Crew zu einer

Besprechung, die eine halbe Ewigkeit zu dauern schien. Mir wurde etwas mulmig zumute, als die Flugbegleiter in Tränen aufgelöst an uns vorbeirannten und im hintersten Winkel der Maschine verschwanden. Mir war klar: das bedeutete nichts Gutes. Doch keiner von der Besatzung kam, um uns über die Lage zu informieren.

Schließlich ging ich selbst nach hinten und sah die Flugbegleiter mit Decken über dem Kopf auf dem Boden liegen. Ich fragte ganz arglos, ob man uns nicht einige Drinks oder einen Imbiss servieren könnte.

Eine junge Frau schaute gerade so weit aus ihrer Decke, dass sie mir mitteilen konnte, alles im Flugzeug stünde zu meiner Verfügung. "Umsonst?", fragte ich. Es kam keine Antwort.

Mit ein paar kleinen Flaschen alkoholischer Getränke ging ich zu meinem Platz zurück. Ich schenkte meinen Freunden ein Glas ein und wir unterhielten uns über das seltsame Verhalten der Mannschaft. Kurz darauf kam der Kapitän zu uns und erkundigte sich nach unserem Befinden. Wir fragten ihn, ob irgendetwas nicht in Ordnung sei.

"Mein Gott", sagte er, "hat ihnen die Kabinenbesatzung denn nichts gesagt?" Wir schüttelten den Kopf, "Nein".

Er fuhr fort: "Ich glaube, wir schaffen es nicht." "Was schaffen wir nicht?", fragte ich. Nun schüttelte er den Kopf, "Nein".

Erst jetzt wurde uns der Ernst unserer Lage klar. Schließlich sagte uns der Pilot, dass wir bisher mit zwei Triebwerken geflogen seien und nun sei auch noch ein weiteres ausgefallen. Wir flogen also nur noch mit einem Triebwerk am äußersten Ende eines Flügels. Um meine Kameraden zu beruhigen, sagte ich, dass wir uns im Prinzip nur langsam sinken lassen bräuchten, solange das eine Triebwerk noch so gut laufe. Denn der Flughafen von Lima lag auf Meereshöhe.

Der Pilot war da anderer Ansicht. Er meinte, das einzelne Triebwerk sei nicht dafür geeignet mit Vollgas zu fliegen, allenfalls für wenige Minuten. Ohne Vollgas würde die Maschine abstürzen und mit Vollgas würde das Triebwerk entweder explodieren oder in seine Einzelteile zerfallen. Seiner Meinung nach könnte das jeden Augenblick geschehen.

Ich fragte ihn noch: "Können wir nicht einfach im Gleitflug fliegen, bis wir sicher auf dem Meer landen?"

Mit bleichem, ausdruckslosem Gesicht meinte er, wir würden nicht besser als ein Felsbrocken gleiten. Ich begriff, dass er nicht scherzte. Wir drei genehmigten uns gleich noch einen Drink.

Dann wurde jede Minute zur Ewigkeit. Ich befand mich auf dem Weg zu meiner ersten Anstellung als Angehöriger des diplomatischen Dienstes und war kurz davor im südamerikanischen Dschungel abzustürzen. Keine schöne Art, eine Karriere zu beginnen und sofort auch wieder zu beenden.

War es nun Glück, Schicksal oder göttliche Intervention, jedenfalls schaffte es die Maschine unversehrt bis Lima. Als wir uns dem Flughafen näherten, hing das Flugzeug so schräg zur Seite, dass ich befürchtete, der lahme Flügel würde zuerst auf dem Boden aufschlagen und uns in einen tödlichen Absturz reißen.

Gerade als wir das erste Stück Asphalt überflogen – noch immer befanden wir uns etwa neun Meter über dem Boden – versagte auch das letzte Triebwerk. Nach einem Moment absoluter Stille, fiel die Maschine wie ein Felsblock auf die Landebahn. Die Reifen explodierten und das antriebslose Flugzeug schlenkerte lautlos von einer Richtung in die andere. Während der ganzen Zeit fuhren alle verfügbaren Feuerwehrwagen von Lima hinter uns her. Wir schlitterten mehrmals von der Rollbahn ab und wieder zurück, bis wir schließlich sicher stehen blieben. Auf schnellstem Weg drängte man uns ins Freie und die Treppe hinunter, die von Feuerwehrleuten an das Flugzeug geschoben worden war. Diese Szene hätte geradewegs aus einem Katastrophenstreifen aus Hollywood stammen können.

Nachdem wir sicher gelandet waren – wenngleich ein wenig durchgeschüttelt und leicht angetrunken – wurden wir von einem Abgesandten der amerikanischen Botschaft in Lima empfangen. Bevor wir unsere traumatischen Erlebnisse überhaupt hatten schildern können, wurden wir auch schon für unser spätes Eintreffen und das Versäumen der offiziellen Botschaftsparty gerügt. Wir waren so glücklich, am Leben zu sein, dass wir während der beiden Tage in Lima an keiner offiziellen Veranstaltung teilnahmen. Dann setzten wir unsere Reise nach Rio de Janeiro fort, wo wir wesentlich verständnisvollere Botschaftsangehörige trafen.

Eine Laufbahn beginnt in Rio

Der Beruf eines Beamten im diplomatischen Dienst der amerikanischen Regierung unterscheidet sich sehr von jedem anderen Job der Regierung oder der Geschäftswelt. Diejenigen, die in den diplomatischen Dienst gehen, haben viel Ähnlichkeit mit den Menschen aus der Renaissance in Westeuropa. Man erwartet von ihnen ausreichende Kenntnisse, um die vielfältigen, von den Anforderungen des Augenblicks abhängenden Aufgaben zu erledigen. Innerhalb des diplomatischen Dienstes gibt es zahlreiche Titel; einige offizielle, wie beispielsweise "Botschaftssekretär"; andere sind Arbeitstitel wie "Kulturattaché", "politischer Attaché" oder "Beamter für öffentliche Angelegenheiten". Sie bezeichnen die genaue Funktion des Beamten. Der Begriff "Diplomat" kann jedem dieser Titel beigefügt werden und bezeichnet einen bestimmten Rang innerhalb des diplomatischen Dienstes. Angefangen mit dem Kulturattaché, hatte ich im Laufe meiner Berufsjahre im diplomatischen Dienst einige dieser Titel inne.

Ein amerikanischer Kulturattaché vertritt die kulturellen Interessen der USA im Ausland, und dies umfasst einen ausgedehnten Tätigkeitsbereich. Es gehört nicht zu seinen Aufgaben – wie es beispielsweise die eines politischen Attachés sind – Ereignisse im politischen Leben eines fremden Landes nach Washington zu berichten.

Ich fand meine Arbeit viel interessanter, denn meine Aufgabe war es, brasilianische Führungskräfte und Mitglieder der Gesellschaftselite in die amerikanische Kultur einzuführen, was auch politische Themen einschloss. Zeitweilig beinhaltete meine Tätigkeit auch, Seminare an Universitäten abzuhalten, amerikanische Belange in Radio und Fernsehen zu fördern und Artikel für Zeitungen zu schreiben oder amerikanische Unterhaltungskünstler zu begleiten. Darüber hinaus gehörte auch die Verwaltung internationaler Programme, wie des Fulbright-Stipendium dazu. Außerdem hatte ich auf Verlangen der Gastregierung und verschiedener Interessengruppen an zahlreichen Konferenzen und Empfängen teilzunehmen.

Fünf Jahre lang arbeitete ich in Brasilien mit Kulturprogrammen für die amerikanische Botschaft. Da ich besser portugiesisch sprach als viele der anderen Botschaftsangehörigen, wurde ich häufig gebeten, öffentliche Vorträge zu halten, in Fernsehshows aufzutreten und bei offiziellen, von brasilianischen Organisationen gesponserten Veranstaltungen Bänder durchzuschneiden. Es war eine äußerst interessante Arbeit, durch die ich viele kreative Leute kennen lernte — nicht nur Brasilianer, sondern auch amerikanische Würdenträger, die zu uns auf Stippvisite kamen. Ich kann mich noch lebhaft daran erinnern, wie ich den Boxer Mohammed Ali durch Sao Paulo begleitete.

Als wir eines Tages etwas mehr Zeit zur Verfügung hatten, fragte ich Mohammed, ob er Johnny Mathis [Amerikanischer Schlagersänger, der in den frühen 1960er Jahren seine größten Hits feierte. — Anm. des Hrsg.] treffen wolle, der gerade auf Tournee in Brasilien war. Keiner von uns beiden hatte Mathis zuvor kennen gelernt, aber mit meinen Beziehungen zur Botschaft konnte ich dies leicht in die Wege leiten. Unser Treffen erwies sich als interessante Mischung aus verschiedenen Persönlichkeiten und Berufen, und wir verstanden uns sehr gut. Ich denke, die wichtigste Aufgabe eines Diplomaten ist, die Kommunikation zwischen Menschen unterschiedlicher Kultur und Herkunft zu erleichtern.

Weiterfahrt nach Asien

Nach meinem Pflichtdienst in Brasilien, bot sich mir die Gelegenheit, in eine der zahlreichen Botschaften Südostasiens zu wechseln. Ich hoffte auf einen Posten in Thailand. Als Vorbereitung darauf begann ich in Washington mit dem Schulungsprogramm für Asien. Da ich davon ausging, die kommenden Jahre in einer vorwiegend buddhistisch geprägten Gesellschaft zu verbringen, machte ich mich auf die Suche nach geeigneten Büchern, die ich nach Asien mitnehmen wollte. Ich fand einen guten Buchladen in Georgetown und war überwältigt von der riesigen Auswahl an Literatur über buddhistische Philosophie und

Kultur. Ich wusste gar nicht, wo ich anfangen sollte, also wandte ich mich an die einzige anwesende Person in dem Geschäft.

Der junge Mann, der neben mir stand, war genauso wie ich auf der Suche nach Büchern über die Kultur Asiens. Ich fragte ihn, ob er sich mit dem Thema auskenne und mir vielleicht einen Rat geben könne. Lächelnd erklärte er mir, dass er Studierender und Gelehrter buddhistischer Weisheit aus Ost und West sei und daher genau der richtige Ansprechpartner. Ohne Zögern kniete er nieder und zog aus dem untersten Regal ein kleines Buch mit dem Titel *Diamond Sutra*. Dieses Buch, sagte er, sei fast nirgends zu haben und ich hätte Glück, dass gerade dieser Buchladen ein so esoterisches Werk führe.

"Schön", sagte ich. "Was empfehlen Sie sonst noch?" "Das genügt", meinte er. Ich erklärte ihm, dass ich für voraussichtlich zwei Jahre nach Asien ginge und daher weitaus mehr buddhistisches Studienmaterial benötigte. "Nein", erwiderte er. "Das ist alles, was Sie brauchen."

Meine Verwunderung bemerkend, fügte er hinzu: "Wenn Sie dieses Buch in zwei Jahren lesen und verstehen können, haben Sie sehr viel über die Weisheit des Buddha gelernt." Er wünschte mir alles Gute und ging.

In den kommenden zwei Jahren las ich das Buch immer wieder und jedes Mal formten sich in mir neue Gedanken. Ich bin mir jedoch nicht sicher, ob ich tatsächlich alles richtig verstanden habe, was der Verfasser dem Leser zu vermitteln hoffte.

Mein Reiseziel ändert sich

Ganz unverhofft wurden meine Asienpläne geändert, doch das ist im diplomatischen Dienst an sich nichts Ungewöhnliches. Ich kenne viele Beamte, die das Flugzeug, das sie an ihren neuen Bestimmungsort bringen sollte, schon bestiegen hatten, als sie plötzlich wieder herausgerufen wurden, weil man das Zielland geändert hatte.

Nur wenige Tage vorher setzte man mich über die Änderung meines Reiseziels in Kenntnis. Außenminister Henry Kissinger hatte gerade verkündet, dass in Paris ein Waffenstillstandsvertrag mit Nordvietnam unterzeichnet werden sollte. Die Vereinten Nationen wollten Einheiten zur Friedenssicherung nach Südvietnam schicken und den amerikanischen Streitkräften blieben nur wenige Wochen für ihren Abzug. Ich wurde als Sonderbeauftragter der amerikanischen Botschaft nach Vietnam gesandt, um dort die Aktivitäten der UN-Friedenstruppen zu verfolgen.

Am 27. Januar 1973, dem Tag, an dem der Vertrag in Paris unterzeichnet wurde, kam ich in Saigon an. Das wird für immer in meinem Gedächtnis eingeprägt bleiben, denn innerhalb einer Woche wurde ich vom amerikanischen Botschafter damit beauftragt, den ersten, aus nordvietnamesischer Gefangenschaft entlassenen Kriegsgefangenen nach San Francisco zu begleiten. Es war ein aufregendes Erlebnis, über den Pazifik zu fliegen und im Cockpit des Flugzeuges Anrufe vom Außenminister in Washington zu erhalten. Er wusste, dass die amerikanische Presse die Story in ein nationales Medienereignis verwandeln würde und war verständlicherweise besorgt, ob ich als Nachwuchsbeamter der Sache gewachsen wäre.

Am Flughafen von San Francisco warteten bereits Hunderte von Pressevertretern, TV- und Radioteams auf uns. Auf Anweisung von Washington bestand das F.B.I. darauf, dass ich das Flugzeug durch das Cockpit-Fenster verließ, um so der Presse zu entgehen. Als ich jedoch sah, wie hoch das Fenster einer Boeing 747 vom Boden entfernt war, überkamen mich ernsthafte Vorbehalte gegen diesen Plan. Die F.B.I.-Agenten brachten es dann aber doch irgendwie fertig, mich durch ein äußerst kleines Fenster zu bugsieren, die lange Leiter hinab, wo mich unten bereits weitere Agenten erwarteten. Mein Gepäck warf man mir hinterher. Es war eben nur ein weiterer Job für den "Renaissance-Mann".

Bevor ich wieder nach Saigon zurückflog, hielt ich mich noch einige Tage in San Francisco auf, um mich ein wenig von den Strapazen zu erholen. Obwohl das Pariser-Waffenstillstandsabkommen nie eingehalten wurde, verlief meine Dienstreise für die amerikanische Botschaft relativ friedlich. In der Zeit meines Aufenthalts besuchte ich zusammen mit anderen Diplomaten viele Regionen in Südvietnam. Die Leute in den Dörfern waren überrascht, uns zu sehen, denn man hatte ihnen erzählt, dass bereits alle Amerikaner das Land verlassen hätten.

In der Tat hatte sich die Armee sehr schnell zurückgezogen; daher verstanden die Vietnamesen auch nicht so recht, was ein Botschaftsangehöriger noch in ihrem Land suchte. Vielleicht hielten sie uns auch für getarnte Soldaten.

Die Tage sind gezählt

Einige Monate später wurde ich dem amerikanischen Konsul in Nha-Trang zugeteilt. Mein Auftrag lautete, beim amerikanischen Generalkonsulat in Nha-Trang ein Amt für öffentliche Belange als Verbindungsstelle zwischen vietnamesischem Militär und bürgerlichen Führungskräften zu eröffnen. Nha-Trang war früher bei den französischen Kolonialherren ein beliebter Badeort und hatte auch jetzt seinen Charme noch nicht verloren.

Schon bald war offensichtlich, dass auch nach Inkrafttreten eines Waffenstillstandes, die Tage für Südvietnam gezählt waren, denn ohne die Amerikaner schienen sich die Politiker in Vietnam mit der unvermeidlichen Niederlage abzufinden.

Trotz meiner Tätigkeit hatte ich genug Zeit, das Land zu erforschen. Ich lernte die alte Kultur Vietnams schätzen und war bezaubert von seiner Kunst und seinen Künstlern. Auf meinen Reisen durch Vietnam, Laos, Thailand und verschiedene andere Länder Südostasiens war ich stets darum bemüht, möglichst viel von der Kultur des jeweiligen Landes zu lernen; ich sah mir alte Tempel und Paläste an und suchte Personen auf, die mir gerne etwas über das Leben in ihrem Land erzählten.

In Saigon war ich zu Gast im Hause eines buddhistischen Filmproduzenten, der nebenberuflich auch Verkäufer von antikem chinesischem Porzellan und anderen Kunstobjekten war. Ich bewunderte vor allem eine 500 Jahre alte Statue des Maitreya-Buddha und fragte ihn, ob ich sie kaufen könne. Er entgegnete, dass viele Botschaftsangehörige schon den Versuch unternommen hätten, die Statue zu erwerben, aber er wolle sie nicht zum Verkauf freigeben, da sie, wie er erklärte, ein heiliger Gegenstand sei. Er machte mir klar, dass der Hüter der Statue nicht nur ein Buddhist sein müsse, sondern auch respektieren sollte, dass sie heilig sei. Die Zeit verging und gelegentlich erwarb ich einige Objekte chinesischen Porzellans bei ihm. Eines Tages teilte mir mein Kollege aus der Botschaft mit, dass der Antiquitätenhändler mich sehen wolle. Mein Kollege glaubte, dass der Händler die Maitreya-Buddha-Statue nun verkaufen wollte, allerdings nur an mich.

Erwartungsvoll ging ich zu ihm, um die bezaubernde rot-goldene Statue zu bewundern. Nach reichlichem Genuss von Tee und Essen wurde ich erneut gefragt, ob ich die Statue als heilig anerkenne. Es gäbe eine besondere Art, mit ihr umzugehen, und wenn ich verspräche, alles genauso zu befolgen, würde er mir die Statue geben. Natürlich stimmte ich zu. Später sollte die Statue mich auf meiner Reise nach Afrika und zurück nach Washington begleiten. Ich glaube, ich habe die Anweisungen des früheren Besitzers immer befolgt. Erst viele Jahre später entdeckte ich, wie enorm wichtig diese Statue für mich werden sollte. Entweder war es ein wunderbarer Zufall oder ein echtes Wunder.

Meine Arbeit in Vietnam geht zu Ende

Die restliche Zeit in Vietnam verging sehr schnell. Zum letzten Mal verließ ich nun das Konsulat in Nha-Trang und reiste nach Saigon, um von dort aus nach Washington zurückzufliegen. Ich verbrachte gerade die erste Nacht in Saigon, als die Vietkong Nha-Trang angriffen. Auf der Flugbahn, von der ich wenige Stunden zuvor abgeflogen war, explodierten die Bomben. Ein paar Monate später verließ das gesamte Botschaftspersonal Vietnam. Mein persönliches Hab und Gut, mitsamt der Maitreya-Statue, gelangte noch mit dem letzten Flug aus Saigon. Jeder Amerikaner, der Saigon nach mir verließ, musste seinen Besitz in Vietnam zurücklassen. Anders als viele meiner Landsleute, hatte ich das Glück unversehrt und gesund aus Vietnam zurückzukehren.

Jenseits von Afrika

Als ich von meinen Vorgesetzten in Washington mehrere Posten in Afrika zur Auswahl erhielt, vertraute ich dem Rat anderer Diplomaten und entschied mich für die amerikanische Botschaft in Kenia. Gleich bei meiner Ankunft in Nairobi fand ich das Haus, in dem ich leben wollte. Obwohl es das Haushaltsbudget der Botschaft überschritt, stimmten sie schließlich zu, es für mich zu mieten. Es hatte die schönsten Rasenflächen, umgeben von tropischen Blumen, Weinreben und Bäumen. Ein hoher Zaun und ein Nachtwächter hielten unerwünschte Tiere fern, die von dem großen, nahe gelegenen Serengeti-Wildpark herüberkommen konnten. Als ich mich nach meinem Einzug bei den Nachbarn erkundigte, warum dieser Stadtteil Karen hieße, erfuhr ich zu meiner Überraschung, dass ich auf dem ehemaligen Besitz der Baronin Karen Blixen wohnte — der Frau, deren Lebensgeschichte den Stoff für das Buch und den Film *Jenseits von Afrika* lieferte.

Kenia war ein Ort, in dem täglich neue, denkwürdige Ereignisse stattfanden. Niemals werde ich den Wildpark mit den Tierherden vergessen, die prachtvollen Stammeszeremonien, die kulturellen Veranstaltungen der Briten in Nairobi, die herrlichen Strände rund um den Hafen in Mombasa, die alten Küstenanlagen der Portugiesen, die arabischen Städte sowie die beiden Berge — den Mount Kenia, direkt am Äquator, und den Kilimandscharo, den höchsten Berg Afrikas. Beide konnte ich von meinem Fenster in der Botschaft aus sehen. Dann gab es da auch noch die ausgesprochen herrlichen Sprudelseen im großen Grabenbruch Rift Valley, wo jeder einzelne See von Millionen von pinkfarbenen Flamingos bedeckt war. Es war Afrika von seiner schönsten Seite.

Die mysteriöse Mikella

Das letzte in Kenia, an das ich mich erinnern kann, war nicht die Landschaft, sondern die Begegnung mit einer älteren, aristokratischen englischen Dame namens Mikella, die schon seit langem in Nairobi lebte.

Ich begegnete Mikella das erste Mal auf einem Empfang der Botschaft und war sofort fasziniert von ihrer Erscheinung. Uppiges Makeup, eine wilde Haarfarbe und ausgezeichnete Konversation waren ihre Markenzeichen. Man erzählte mir, dass ihr erster Ehemann, ein englischer Adeliger, der letzte englische Richter aus der Kolonialzeit am obersten Gericht im Sudan war. Sie hatte sich in Nairobi einen Palast gebaut und war bei den Kenianern, Präsident Kenyatta eingeschlossen, äußerst beliebt. An dem Abend, als ich sie zum ersten Mal sah, eilte sie durch den offiziellen Empfangsraum direkt auf mich zu. Ohne Umschweife lud sie mich zu einer ihrer wöchentlichen Séancen ein. Ich reagierte schockiert, höflich, neugierig und unverbindlich zugleich.

Nach dem Empfang erkundigte ich mich bei einem anderen amerikanischen Diplomaten, ob er Mikella kenne. Ich war überrascht zu hören, dass sowohl er als auch der amerikanische Botschafter großes Interesse an Mikella bekundeten und allzu gern ihre Séancen besucht hätten, aber nie eingeladen worden waren. Dutzende von Afrikanern, so sagte man mir, kämen zu Mikella und warteten auf dem Rasen vor ihrem Palast, um sie zu sehen und ihren Segen zu empfangen. Es ging sogar das Gerücht um, sie hätte besondere Heilkräfte und könne Gegenstände durch Gedankenkraft bewegen. Es sollte nicht lange dauern, bis ich diese Kräfte selbst erleben konnte.

Eine wundersame Heilung

Gegen Ende meiner Dienstzeit in Nairobi erkrankte ich schwer. Mehrere Monate lang empfand ich sowohl beim Gehen als auch bei jeder sonstigen Bewegung starke Schmerzen. Jedes Gelenk in meinem Körper war steif und geschwollen, und kein Medikament brachte Erleichterung. Ich wurde ins Krankenhaus gebracht und anschließend zur Erholung in das Haus eines Botschaftsangehörigen. Als sich jedoch keine Anzeichen einer Besserung bemerkbar machten, wurde mein Rückflug nach Washington in die Wege geleitet. Eine Ambulanz sollte mich vom Flugzeug direkt ins Krankenhaus fahren. Natürlich fragten sich alle sorgenvoll, ob ich in meinem Zustand überhaupt eine solche Distanz fliegen könne. Sie wussten, es würde schlimm für mich werden. Da kam Mikella ins Spiel.

Am Tag vor der geplanten Abreise rief ein Botschaftsangehöriger Mikella an und bat sie, an mein Krankenbett zu kommen und mir Heilung zu geben. Sie ließ ihn wissen, dass sie zwar helfen wolle, doch ausgerechnet jetzt wäre es ihr nicht möglich, da sie am folgenden Tag heiraten würde und daher sehr beschäftigt sei. Zudem bestünde Präsident Kenyatta darauf, dass die Hochzeit landesweit vom Fernsehen übertragen werden solle, was für sie noch eine zusätzliche Belastung bedeute. Großzügig bot sie jedoch eine andere Lösung an: Ich solle an diesem Abend um halb acht meditieren und zur gleichen Zeit würde sie von zu Hause aus Heilenergien schicken. Ich tat mein Bestes und ging gleich danach zu Bett.

Als ich am folgenden Morgen aufwachte, schaute ich dem Rückflug bereits sorgenvoll entgegen. Plötzlich aber bemerkte ich, dass ich mich wieder ganz normal bewegen konnte. Ich stand auf und konnte zum ersten Mal seit Monaten wieder schmerzfrei gehen. Anstatt mich mit kleinen schlurfenden Schritten fortzubewegen, konnte ich tatsächlich wieder richtig laufen. Ich zog mich an und kam zum Erstaunen des Hauspersonals allein die Treppe herab. Ohne fremde Hilfe ging ich die Stufen zur riesigen Boeing 747 hinauf und erreichte problemlos zunächst Frankfurt und bald darauf Washington.

In Washington wartete bereits die Belegschaft eines Krankenwagens auf mich, um mich aus dem Flugzeug zu tragen. Sie holten mich (ich trug mein Handgepäck selber) jedoch erst im Flughafengebäude ein und bestanden darauf, mich mit der Krankentrage zur Ambulanz zu bringen.

Vielleicht fürchteten sie, man würde sie nicht bezahlen, wenn ich nicht mitkäme. Da stand ich nun inmitten der riesigen Halle des internationalen Flughafens Dulles, zog mein Jackett aus und ließ mir auf die Krankentrage helfen. Nach einem Tag im Krankenhaus erklärten die Ärzte schließlich, sie könnten nichts Ungewöhnliches feststellen und entließen mich nach Hause. Ich fühlte mich blendend.

Meine Laufbahn in Washington beginnt

Nach meiner Entlassung aus dem Krankenhaus arbeitete ich zwei Jahre in Washington. Das gehört zur Routine für amerikanische Diplomaten, denn besonders nach langer Tätigkeit im Ausland ist es für Mitarbeiter des diplomatischen Dienstes notwendig, sich wieder an ein Leben in Amerika zu gewöhnen. Man hatte mich dem Auslandsdienst der amerikanischen Informationsbehörde zugeteilt. Diese steht in ständigem Kontakt mit Botschaftsangehörigen im Ausland sowie mit den hochrangigsten Beamten in Washington. Der Posten war geradezu ideal für mich.

Nach einigen Jahren wurde mir erneut eine Stellung in einer auswärtigen Botschaft angeboten — diesmal in Buenos Aires, Argentinien. Zum ersten Mal in meiner Laufbahn wollte ich nicht ins Ausland. Aus irgendeinem Grund war ich fest davon überzeugt, dass sich in naher Zukunft im politischen und sozialen Leben des Planeten etwas wirklich Bedeutsames ereignen würde. Ich befürchtete, dass ich nicht an diesen außergewöhnlichen Veränderungen teil haben könnte, wenn ich Washington verließ — zumal Washington die politische Hauptstadt der Welt war. Zwar wusste ich nicht genau, welcher Art diese Veränderungen sein würden, aber ich war mir sicher, dass sie sehr bald stattfinden würden.

Daher lehnte ich den Posten in Argentinien ab, was Diplomaten allerdings nicht zusteht. Man forderte mich offiziell auf, entweder den neuen Auftrag zu akzeptieren oder meinen Hut zu nehmen. Ich gab die Stellung auf. Doch innerhalb nur eines Tages wurde ich bei der gleichen Behörde zum Direktor des Fulbright-Stipendienprogramms wieder eingestellt. "Zufällig" wurde gerade zu diesem Zeitpunkt jemand gesucht. Da kam ich zur Tür hereinspaziert — mit einer Qualifikation, die mehr als ausreichend für diesen Posten war. Da das Programm teilweise auch von amerikanischen Diplomaten im Ausland verwaltet wurde, hatte ich den zusätzlichen Vorteil, hin und wieder Inspektionsreisen in verschiedene Teile der Welt unternehmen zu können. Das war der Beginn einer Karriere im öffentlichen Dienst, die bis zu meiner Pensionierung im Jahre 1997 andauerte.

Das Fulbright-Stipendium ist ein internationales, vom Kongress finanziertes Programm, das weltweit in über 150 Ländern verbreitet ist. Durch den Austausch von führenden Akademikern will das Programm dazu beitragen, die Welt zu einem besseren und sichereren Ort zum Leben zu machen. Senator S. William Fulbright, der eine Gesetzesvorlage unterstützte, um dieses Programm 1946 ins Leben zu rufen, erkannte den Irrsinn des Zweiten Weltkrieges nur zu gut. Er war davon überzeugt, dass ein solches Unheil in Zukunft vermeidbar sei, wenn

die Nationen lernten, auf höchster Ebene zusammenzuarbeiten —
und zwar durch den Ideenaustausch zwischen intelligenten Menschen,
die über fundierte Kenntnisse der politischen, wirtschaftlichen und kulturellen Strukturen ihrer Länder verfügen.

Tatsächlich haben in den letzten fünfzig Jahren zahlreiche führende Persönlichkeiten aus den verschiedensten Ländern am Fulbright-
Programm teilgenommen.

Eine neue Gelegenheit

Gerade war ich dabei, mich in diesen großartigen neuen Job einzuar-
beiten, als ich die *entscheidende* Nachricht vernahm, auf die ich lange
gewartet hatte. Die dramatischen Veränderungen in der Welt, die ich
tief im Innern schon hatte herannahen fühlen, waren plötzlich Haupt-
thema in einer beliebten Fernseh-Talkshow. Von jetzt an sollte sich
mein Leben völlig verändern.

Ein Versprechen geht in Erfüllung

"Ich gehöre jedem. Ich erwarte nicht, dass
ihr mich akzeptiert oder ablehnt — was zählt,
ist eure innere Erfahrung. Jeder Einzelne wird feststellen
dass er seinen Beitrag zur Gesellschaft leisten kann."

—Maitreya

Es war an einem Mittwochabend im Februar 1982. Eine halbe, arbeitsreiche Woche lag hinter mir. Froh, mich einfach einmal vor den Fernseher setzen zu können, zappte ich durch die Kanäle. Bei der "Merv Griffin Show" aus Hollywood machte ich Halt. Merv hielt gerade ein Buch hoch. Der Titel dieses Buches: *Maitreya – Christus und die Meister der Weisheit*, ließ mich aufmerksam werden.

Gewöhnlich erlahmt mein Interesse durch die vielen Werbeeinblendungen, doch heute veranlasste mich dieser ungewöhnliche Buchtitel bis zum Ende der Werbung zu warten. Ich war neugierig auf die nun folgende Diskussion. Zuerst dachte ich an eine Botschaft überzeugter Christen, konnte mir bei Merv Griffin allerdings nicht vorstellen, dass er ausgerechnet zur besten Sendezeit eine religiöse Gruppe im Fernsehen präsentieren würde. Wie sich bald herausstellte, hatte das Interview tatsächlich nichts mit einer religiösen Organisation zu tun und es war äußerst spannend.

Zu Beginn stellte Griffin Benjamin Creme aus England vor, den Autor des Buches *Maitreya – Christus und die Meister der Weisheit*. Der zweite Gast war Gore Vidal, der ebenfalls ein Buch über ein spirituelles Thema geschrieben hatte, das den Titel *Schöpfung* trug. Beide Autoren waren an diesem Talkshow-Abend Griffins Gesprächspartner. Ich erinnere mich noch an Vidals Bemerkung: Er glaube nicht, dass Cremes Buch ein großer Verkaufserfolg in Amerika werden würde, da der Inhalt zu sehr von den traditionellen Vorstellungen der Christen abweiche.

Millionen erfahren von der Gegenwart Maitreyas

Im Laufe des Gesprächs erklärte Benjamin Creme: Derjenige, den die Christen den Christus nennen, sei bereits wiedergekehrt und lebe in einer großen Industriestadt in der westlichen Welt. Sein Name sei Maitreya und er bringe eine große Gruppe seiner Jünger mit, hoch entwickelte spirituelle Menschen, die man die Meister der Weisheit nennt. Schon bald, so Creme, würden wir in lokalen und internationalen Nachrichtensendungen mehr über Maitreya hören können.

Creme erklärte weiter, dass Maitreya gekommen sei, uns unsere innewohnende Göttlichkeit zu zeigen. Wir würden lernen, in korrekten menschlichen Beziehungen zu leben — als Brüder und Schwestern einer einzigen großen Familie. Täglich sterben Millionen Menschen in einer Welt des Überflusses. Als ersten Schritt zur Überwindung von Armut und Hungersnot sollten wir daher lernen, miteinander zu teilen. Maitreya sei zur rechten Zeit erschienen, um uns zu helfen, uns und den Planeten zu retten. In nicht allzu ferner Zukunft werde er sich am so genannten "Tag der Erklärung" in einer weltweiten Fernsehübertragung der Menschheit vorstellen.

Ich sog diese kurzen Erklärungen regelrecht auf und musste überrascht feststellen, dass es mir als traditionellem Christen keinesfalls schwer fiel, die Idee eines übermenschlichen Wesens mit Namen Maitreya als den wiederkehrenden Christus oder Weltlehrer anzunehmen. Ebenso sprach mich der Gedanke vom Teilen der Weltressourcen an. In den vielen Jahren, die ich im Ausland verbrachte, hatte ich die Armut und das Hungersterben, von dem er sprach, aus nächster Nähe gesehen. Als ich Benjamin Creme im Fernsehen sah, wurde mir tief in meinem Innern bewusst, dass ich auf diese Botschaft gewartet hatte, seit mir 1945 die Gottesmutter Maria die Wiederkehr ankündigte.

Cremes Ideen mögen für die meisten Zuschauer höchst seltsam geklungen haben, doch für mich war es einfach, sie zu akzeptieren und vor allem war ich darauf gespannt, noch mehr zu erfahren. Die Vision der Gesegneten Mutter, die ich nach so vielen Jahren fast vergessen hatte, kam mir plötzlich wieder lebhaft in den Sinn. Daher entschloss ich mich, diese Geschichte von Benjamin Creme näher zu untersuchen. Sollte es tatsächlich wahr sein, dass der Christus zurückgekehrt ist und auf den Straßen unserer Städte wandelt, wie es mir die Madonna versprochen hatte? Auf jeden Fall musste ich mir das Buch besorgen und es lesen. Entweder war es so außerordentlich, dass es mein Leben völlig verändern würde, oder es war eine herbe Enttäuschung.

Das Buch, das mein Leben veränderte

Am Morgen nach der Fernsehsendung verbrachte ich viel Zeit damit, in ganz Washington telefonisch einen Buchladen ausfindig zu machen, der noch ein Exemplar des Buches von Benjamin Creme vorrätig hatte. Offensichtlich waren andere auf den gleichen Gedanken gekommen, denn bei jedem Buchladen, den ich anrief, bekam ich zu hören, dass das letzte Buch soeben verkauft worden sei. So blieb mir nichts anderes übrig, als einige Wochen auf mein per Post bestelltes Exemplar zu warten.

Schließlich stellte ich fest, dass die esoterischen Mitteilungen in Cremes Buch, obwohl für mich neu, dennoch wahr klangen. Kapitel um Kapitel bestätigte sich mein Eindruck, dass ich das alles bereits kannte und nur "vergessen" hatte. Allerdings war ich bis zu diesem Zeitpunkt nie mit esoterischer Literatur oder so genannten New-Age-Publikationen in Berührung gekommen. Dennoch schien mir das von Benjamin Creme Dargestellte logisch und widersprach nicht meiner Sicht der Dinge.

Hierarchie der Meister

In dem Buch *Maitreya – Christus und die Meister der Weisheit* konnte ich die im Fernsehen genannten Themen noch einmal genauer nachlesen. So erfuhr ich von der Existenz der Geistigen Hierarchie als eine Gruppe von Meistern mit Christus an der Spitze, die die Entwicklung allen Lebens auf diesem Planeten überwachen. Ich las, dass die Meister der Weisheit menschliche Wesen wie wir sind, die uns in ihrer Entwicklung jedoch weit voraus sind. Sie sind uns durch alle Lektionen, die dieser Planet bieten kann, vorangegangen und brauchen daher keine menschlichen Erfahrungen mehr zu machen. Einer der Meister, der jetzt mit

Maitreya zusammenarbeitet, ist zum Beispiel der frühere Apostel Johannes, der geliebte Jünger. Zum Wohle der Menschheit entschieden sich die Meister, bei uns zu bleiben, um uns zu führen und zu schützen. Dieses große Opfer ist Teil ihrer eigenen spirituellen Entwicklung, von der wir jedoch nur wenig wissen.

"Geistige Hierarchie" und "Meister der Weisheit" sind esoterische Begriffe für dieselben großen spirituellen Wesen, die man unter anderen Namen auch in anderen Religionen und Kulturen kennt. Ein Christ würde sie möglicherweise als das "Königreich Gottes" bezeichnen und einigen mögen die Meister auch als Ältere Brüder, Engel und manchmal als Heilige bekannt sein. Die Namen mögen unterschiedlich sein, doch die dahinterstehenden Persönlichkeiten sind unverändert die Hüter der *gesamten* Menschheit.

Durch ihre Jünger – Männer und Frauen aus der ganzen Welt – haben die Meister mit jedem Aspekt menschlichen Bemühens zu tun. Sie inspirieren zu großen wissenschaftlichen Leistungen genauso wie zu überragenden Werken in den kreativen Künsten. Ihre Jünger, die auf allen Lebensgebieten, einschließlich Politik, Medizin, Religion, Erziehung und Kunst tätig sind, werden von ihnen geistig inspiriert. Diese Männer und Frauen wissen möglicherweise gar nicht, dass sie Jünger der Meister sind.

Während der gesamten Menschheitsentwicklung hat die Geistige Hierarchie uns begleitet, geführt, gelehrt und beschützt. Schon zu einem früheren Zeitpunkt lebten die Meister offen unter den Menschen. Doch seit vielen Jahrtausenden haben sie hinter den Kulissen gewirkt und von ihren verborgenen Aufenthaltsorten in den Wüsten und Gebirgen der Welt unsere Evolution fürsorglich überwacht.

Heute, am Beginn eines neuen Zeitalters, kehren die Meister der Weisheit zu uns zurück, in langsamen, vorsichtigen Schritten, um unseren freien Willen nicht zu verletzen und keine unnötige Furcht aufkommen zu lassen. Bald werden sie wieder offen unter uns leben und wirken.

Sie kennen die Not der Menschen wie auch die Lösungen für unsere Probleme. Immer wieder antworten die Meister auf unseren Ruf nach Hilfe. Millionen Menschen können persönlich bezeugen, in Krisenzeiten Hilfe von diesen außerordentlichen Wesen – von denen sie zumeist annehmen, es seien Engel – erhalten zu haben.[1] Mit ihrem allmählichen Hervortreten wird die Beziehung zwischen ihnen und der Menschheit immer deutlicher erkennbar. Letztlich werden sie auch Antworten auf die vielen Fragen geben, die unsere Evolution und den geistigen Pfad betreffen.

Wer ist Maitreya?

Während ich in Cremes Buch las, erfuhr ich mehr über den Christus oder Weltlehrer, dessen persönlicher Name Maitreya ist. Er ist der von allen großen Religionen Erwartete, auch wenn ihnen das nicht immer bekannt sein mag. Die Christen warten auf die Wiederkehr des Christus, die Buddhisten auf den kommenden Buddha, die Muslime auf den Imam Mahdi, die Hindus auf eine neue Inkarnation Krishnas und die Juden auf den Messias. Das alles sind verschiedene Namen für ein und dasselbe Individuum — Maitreya. Er kommt jedoch nicht als religiöser Führer, sondern als Lehrer für die gesamte Menschheit.

Wörtlich erklärt Benjamin Creme in seinem Buch über Maitreya:
   "Wir werden in Kürze erkennen, dass unter uns ein Mann lebt, der in sich nicht nur die Hoffnung und die Sehnsucht der religiösen Gruppen verkörpert, sondern auch das praktische Streben der klugen Köpfe in Politik und Wirtschaft nach einem besseren Leben für alle."
   "Am 19. Juli 1977 traf dieser große Eine, Maitreya, der Christus, der Herr der Liebe selbst, in seinem Zentrum, dem "Ort seiner Zentrierung", wie es genannt wird, in einem bestimmten Land der modernen Welt ein."
   "Er wird der Menschheit zeigen, welche Schritte sie zu ihrer Erneuerung braucht und wie sie eine Zivilisation auf der Bereitschaft zu teilen, auf Zusammenarbeit und gutem Willen aufbauen kann, die unweigerlich zu einer weltweiten Verbrüderung führen wird."

"Bald werden wir diesen Menschen mit außergewöhnlichen Fähigkeiten sehen, ihn an seiner geistigen Kraft erkennen, an seiner Weisheit und Weitsicht, seiner allumfassenden Liebe, seinem Verständnis für die menschlichen Probleme und seiner Fähigkeit, den Menschen den Weg aus dem allgemeinen Dilemma zu zeigen — sowohl auf dem Gebiet der Politik, der Wirtschaft, der Religion, als auch im gesellschaftlichen Bereich."

"Er ist göttlich, da er sich selbst vervollkommnet und das in jedem von uns vorhandene göttliche Potenzial verwirklicht hat. Er ist auch ein Mensch und kommt als Bruder, Lehrer und Freund, um die Menschheit zu inspirieren, eine bessere und glücklichere Welt für sich zu schaffen. Denen, die auf ihn ,ansprechen', wird er den Weg in einen Seinszustand zeigen, in dem die Realität Gottes eine immer gegenwärtige Erfahrung ist und für den Freude und Liebe die Ausdrucksformen sind."

Nach esoterischer Lehre wird Maitreya mehr als 2000 Jahre, also bis zum Ende des Wassermann-Zeitalters, bei uns bleiben.

Maitreya selbst sagte: "Ich bin wirklich auf eine neue Weise bei euch; eure Brüder und Schwestern kennen mich, sie haben mich gesehen und nennen mich Freund und Bruder."

"Mein Plan ist, mich Schritt für Schritt zu offenbaren und die erleuchteten Seelen um mich zu sammeln, durch die ich wirken kann. Dieser Prozess hat begonnen und bald wird in meinem Zentrum meine Gegenwart bekannt sein."

Besuch der Theosophischen Gesellschaft

Nachdem ich dieses Buch eingehend studiert hatte, kam bei mir das Gefühl auf, mit diesen Informationen nichts anderes machen zu können, als auf Maitreyas öffentliches Auftreten und den Tag der Erklärung zu warten. Doch ich konnte nicht stillsitzen und entschloss mich daher, die Theosophische Gesellschaft in Washington D.C. aufzusuchen. Durch das Buch von Benjamin Creme wusste ich von der Existenz dieser Gesellschaft und ich war überrascht, eine Zweigstelle in meiner Nähe zu finden. Ich hoffte in dieser Gruppe Leute anzutreffen, die an der Maitreya-Geschichte interessiert waren. Es schien mir die einzige Organisation, von der ich annehmen konnte, dass sie von den Meistern wusste und der vielleicht auch der Name Maitreya bekannt war.

Die Theosophische Gesellschaft befand sich in einem Wohngebiet im Norden der Stadt in Grenznähe zum Bundesstaat Maryland. Das Haus sah wie jedes andere in dieser von Bäumen gesäumten Straße aus. Bei meiner Ankunft spielten Kinder auf der Straße. Die sympathische Dame, die ich im Haus antraf, wusste, dass Benjamin Creme in der kommenden Woche in Washington einen Vortrag halten würde. Das waren aufregende Neuigkeiten. Ich konnte mein Glück kaum fassen.

Die Theosophin wies allerdings auch darauf hin, dass nicht alle in der Gesellschaft an Benjamin Creme und seiner Geschichte interessiert seien; jedoch halte eine Freundin von ihr, Frau Bamah Ferrara, wöchentliche Treffen ab. Für weitere Einzelheiten, riet sie mir, solle ich dort anrufen; was ich auch umgehend tat.

Von Frau Ferrara erhielt ich die Information, dass Benjamin Creme nicht nur einen Vortrag, sondern auch eine Meditation abhalten würde. Sie lud mich zu ihrem wöchentlichen Gruppentreffen ein, bei dem die von einem der Meister durch Benjamin Creme eingeführte Meditationsform praktiziert wurde. Die so genannte Transmissionsmeditation sei ein aktiver Dienst, bei dem die Energien der Meister von den Meditierenden "heruntergestuft" und somit für die Welt verfügbar gemacht würden. Dadurch werde die geistige Entwicklung der Meditierenden um ein Vielfaches beschleunigt.

Mir wurde klar, dass dies eine weitere Gelegenheit war, Maitreya und den Meistern zu helfen, so bald wie möglich hervorzutreten. Hier sah ich eine Chance für mein neues Bestreben, obgleich ich noch nie zuvor ernsthaft meditiert hatte.

Auch war es eine gute Gelegenheit, weitere Leute kennen zu lernen, die an Maitreyas Erscheinen interessiert waren. Am meisten faszinierte mich, dass dieses Treffen und Benjamin Cremes Ankunft in

Washington zeitlich zusammentrafen. Wäre ich an diesem ereignisreichen Sonntag nicht zur Theosophischen Gesellschaft gegangen, hätte ich wohl nie davon gehört und die außerordentlichen Erfahrungen gemacht, die mich an diesem Wochenende erwarteten.

Cremes Besuch hat mir die Augen geöffnet und den Anstoß dazu gegeben, mich an der Wiederkunftsarbeit zu beteiligen. In diesen drei Tagen gelangte ich zu der Überzeugung, dass die Meister, die in seinem Buch erwähnt werden, tatsächlich existieren und in der Welt wirken.

Mein Interesse wird geweckt

"Meine Pläne werden nicht misslingen.
Mein Hervortreten findet statt.
Meine Gaben werde ich verteilen. Meine Worte werden führen.
Mein Wille wird stärken.
Meine Lehre wird euch das Wesen Gottes zeigen."

—Maitreya

Als ich die Meditationsgruppe aufsuchte, sagte man mir, dass sich Benjamin Creme drei Tage in der Stadt aufhalten würde. Am ersten Tag sei eine Meditation im privaten Rahmen mit ihm geplant und ich wurde eingeladen, daran teilzunehmen. Am darauf folgenden Tag sollte dann ein öffentlicher Vortrag und zum Abschluss, einen Abend später, eine öffentliche Meditation stattfinden.

Im Verlauf von Cremes Besuch bescherte mir die Geschichte der Wiederkehr regelrecht ein neues Leben. Jedes Treffen brachte mir ein außergewöhnliches persönliches Erlebnis. Nach diesen Erfahrungen war ich absolut sicher, dass Maitreya der wiedergekommene Christus ist und sein Eintreten in die Alltagswelt der Menschheit sehr real und wahrscheinlich bald zu erwarten war.

Die Meditation – meine zweite dieser Art – fand mit 40 Teilnehmern im privaten Rahmen im Hause von Frau Bamah Ferrara in einem Vorort von Maryland statt. An diesem strahlend sonnigen Nachmittag hatten sich die Anwesenden auf dem Rasen versammelt. Bei einem kleinen Imbiss und Getränken blieb noch etwas Zeit für eine kurze Unterhaltung; für mich war es eine gute Gelegenheit, mit einer ganzen Reihe von Leuten zusammenzutreffen, die sich für Cremes Geschichte interessierten.

Anfangs hatte ich wenig Ahnung, wem ich hier begegnen würde und war etwas besorgt, möglicherweise Mitglieder eines religiösen Kults oder einer Organisation mit dogmatischen Bestrebungen anzutreffen. Zu meiner Erleichterung stellte ich aber bald fest, dass die Anwesenden die unterschiedlichsten religiösen und geistigen Grundlagen hatten. Viele waren Christen, einige waren Muslime, während andere sich als spirituell und dem neuen Zeitalter zugehörig betrachteten.

Besonders wichtig erschien mir, dass es keine Organisation, keine Dogmen, keine Führer gab, sondern einzig Leute, die in dem gemeinsamen Ziel verbunden waren, die Öffentlichkeit von Benjamin Cremes Informationen über die Wiederkehr in Kenntnis zu setzen. Die Gäste waren also ganz normale Bürger mit ganz normalen Berufen. Das war nicht irgendein Kult; vielmehr drückten sie alle individuelle Ansichten über das geistige Leben aus. Es gab keine Bedingungen oder Verpflichtungen, sondern lediglich eine Gruppe von Leuten, die sich einmal wöchentlich zur Meditation traf.

Erster Tag: Private Transmissionsmeditation

Nach unserem Picknick begaben wir uns gegen fünf Uhr nachmittags in einen Raum im Untergeschoss zur Transmissionsmeditation. Die Sitzung zuvor hatte eine Stunde gedauert und so nahm ich an, würde es wohl auch diesmal sein. Also erwartete ich für den weiteren Ablauf nichts Neues.

Nachdem jeder Platz genommen hatte, hielt Herr Creme eine kurze Einführung über die Bedeutung der Transmissionsmeditation als Dienst für die Menschheit. Er erklärte, dass die von der Hierarchie ausgesandten Energien normalerweise von der Menschheit "abprallen" würden. Werden sie aber durch eine Gruppe geleitet, so könnten sie in eine nutzbare Form heruntergestuft werden. Dieser Vorgang sei etwa mit der Elektrizität in unseren Häusern zu vergleichen, die zum sicheren Gebrauch übertragen und herunter transformiert wird. In dieser umgewandelten Form sei die spirituelle Energie zum Wohl der Menschheit und des Planeten besser verfügbar. Wenn er bei einer Meditation anwesend sei, erklärte Creme, würde er mental von Maitreya "überschattet" und somit würde auch die Gruppe von Maitreyas Energie überschattet oder direkt davon berührt. Zusätzlich würde er aber auch noch jeden Wechsel der Energiequalität ankündigen. Die Meditation würde solange fortgesetzt, bis die Energieübertragung aufhöre. Es stünde uns zu, jederzeit zu gehen, wenn wir das möchten.

Die Meditation beginnt

Im verdunkelten Raum ging es weiter. Überrascht nahm ich zur Kenntnis, dass ich schon vor der Ankündigung durch Creme die Veränderung der Energie fühlte und dachte: "Dieser Mann scherzt nicht, wenn er von einer durch unsere Körper strömenden Energie, spricht; ich kann es tatsächlich fühlen."

Da ich für mich bestätigen konnte, dass etwas, was Creme Energie nannte, durch mich und vermutlich auch durch die Gruppe floss, konnte ich davon ausgehen, dass seine Aussagen korrekt waren.

In den ersten Minuten lief alles gut, plötzlich hatte ich jedoch ein unangenehmes Gefühl; etwas wie ein elektrischer Schock durchfuhr meinen Körper. Herr Creme erklärte, wir hätten gerade die Energie des ersten Strahls oder mit anderen Worten den Vateraspekt der heiligen Trinität empfangen.

Was es auch war, es verschlug mir den Atem. Ich rang nach Luft und stellte gleichzeitig fest, dass ich mich nicht bewegen konnte. Mein Herz schien still zu stehen. Ich dachte: "Wenn ich hier nicht schnellstens herauskomme, muss ich sterben." Doch ich war nicht in der Lage, den Leuten neben mir mein Problem mitzuteilen.

Mitten in dieser Panikattacke meinte ich plötzlich jemanden laut reden zu hören: "Keine Panik. Sie haben sich nach vorne gebeugt. Lehnen Sie sich einfach zurück und atmen Sie ganz langsam durch."

Den Anweisungen folgend konnte ich mich zwar wieder bewegen, wollte aber trotzdem den Raum verlassen. "Alles wird gut gehen", sagte die Stimme, die sehr an diejenige von Benjamin Creme erinnerte. Wieder erhielt ich den Rat, mich zu entspannen und langsam und tief Luft zu holen. Allmählich wurde ich ruhiger und konnte wieder normal atmen. Da die kraftvollen Energien weiter durch meinen Körper flossen, fühlte ich mich sehr unwohl und war besorgt, was sie meinem Körper wohl antun könnten; ich hatte regelrechte Todesvisionen in Frau Ferraras abgedunkeltem Kellerraum. Schon sah ich die erheiternden Schlagzeilen in den Zeitungen vor mir: der Mann, der während der

Meditation "zu Tode kam". Jahre nach diesem Ereignis klingt es albern, aber damals hatte ich tatsächlich Angst.

Wie konnte er wissen, wie mir zumute war?

Erst als ich mich wieder sicher fühlte, kam mir in den Sinn, dass ich über mein Dilemma kein Wort *laut* geäußert hatte. Es war dunkel und ich saß an der gleichen Wandseite wie Benjamin Creme; er konnte mich nicht sehen, selbst wenn er es gewollt hätte, da ich nicht in seiner Blickrichtung saß. Und doch war ich sicher, dass es seine Stimme war und er genau wusste, was er jedes Mal auf einen bestimmten Gedanken von mir erwidern sollte. Daraus schloss ich, dass er meine Probleme bemerkt und meine Panik völlig durchschaut hatte und mich deshalb ermunterte. Dann dämmerte mir, dass er tatsächlich meine Gedanken gelesen haben musste.

Schließlich wurde ich wieder ruhiger und konnte die Meditation fortsetzen. Mildere Energien flossen jetzt durch mich und ich bemerkte kaum, was um mich herum geschah, da ich einzig auf den Energiefluss achtete.

Plötzlich sagte Herr Creme: "Das war's. Es ist vorbei." Als ich die Augen öffnete, war ich erstaunt, zu sehen, dass wir beide die einzigen waren, die noch im Raum waren. Die Meditation hatte bis um halb zwei in der Nacht gedauert. Ohne dass ich es bemerkt hatte, waren alle anderen im Laufe der letzten achteinhalb Stunden bereits gegangen. Ich wusste nur von meiner anfänglichen Panik, Cremes beruhigenden Worten und von den Energien, die, wie mir schien, bis zum Schluss durch mich geflossen waren.

Zweiter Tag: Entschuldigung bei Frau Ferrara

Bevor ich am folgenden Tag nach Baltimore zu Benjamin Cremes Vortrag fuhr, suchte ich noch einmal Frau Ferrara zu Hause auf. Da sie die Gastgeberin des gestrigen Abends war, meinte ich, mich bei ihr für die Störung während der Meditation entschuldigen zu müssen. Es war mir wirklich peinlich. Sie sagte nur: "Wovon sprechen Sie denn?" Ich erzählte ihr von dem Vorfall; wie verwirrt ich war, und dass Herr Creme mich beruhigen musste. Sie meinte: "Ich saß direkt neben ihm und er sagte kein Wort zu Ihnen über irgendein Problem."

Ich bestand darauf, dass er laut und deutlich mit seinem schottischen Akzent mit mir gesprochen habe und suchte ihr klarzumachen, dass er offenbar jeden meiner Gedanken gelesen und entsprechend beantwortet habe.

Ihrer Ansicht nach hatte ich ihn telepathisch vernommen. Zuerst wollte ich diese Möglichkeit ausschließen, aber sie versicherte mir noch einmal, dass es kein hörbares Gespräch zwischen Creme und mir gegeben habe. Sie war sich auch sicher, dass keine der anwesenden Personen ein solches Gespräch gehört hatte, und sagte: "Rufen wir doch einige an und fragen sie." Die einhellige Meinung von vier oder fünf angerufenen Teilnehmern bewies, dass tatsächlich kein hörbares Gespräch stattgefunden hatte.

Langsam gewöhnte ich mich an den Gedanken eines gegenseitigen telepathischen Austausches; wie er allerdings vor sich gegangen war, wusste ich nicht. An dem, was ich gefühlt und gehört hatte, bestand für mich jedenfalls kein Zweifel. Ich hatte alles ganz real erlebt.

Cremes Vortrag an diesem Abend sollte noch eine weitere überraschende Bestätigung für mich haben.

Zweiter Tag: Der Vortrag

Es war eine feucht-schwüle Sommernacht in Baltimore. Trotz Klimaanlage war es stickig in dem kleinen Raum, der bis auf den letzten Stuhl belegt war. Wer zu spät kam, musste mit einem Stehplatz vorlieb nehmen.

Vieles von dem, was Benjamin Creme erzählte, kannte ich schon aus seinem Buch. Neu und beeindruckend für mich war sein tiefes Wissen über die internationale Politik, die Wirtschaft und die generellen Probleme der Menschheit. Mit aller Deutlichkeit betonte er, dass die Welt Maitreya brauche, damit wir durch seine Hilfe lernen, in richtigen Beziehungen miteinander zu leben.

Nach der Pause beantwortete Creme Fragen aus dem Publikum. Die letzte Frage betraf die Verbindung zwischen Maitreya und einem heiligen Mann in Indien namens Sathya Sai Baba, von dem weltweit Millionen Anhänger glauben, er sei ein inkarnierter Gott. Creme erklärte, Sai Baba und Maitreya würden die ganze Zeit zusammenarbeiten. Und sobald bei einem Vortrag eine solche Frage gestellt werde, würde Sai Baba ihn überschatten, der auf diese Weise jedem Anwesenden seinen Segen erteile. Dies werde nun geschehen, sagte Benjamin Creme, und anschließend folge der Segen von Maitreya. So könnten wir ihre Beziehung zueinander selbst erfahren.

Sai Baba spendet seinen Segen

Ich bekam Zweifel. Als ich meinen Blick durch die Menge schweifen ließ, hielt ich einige für recht leichtgläubig und nur allzu bereit, dieses Gerede vom Guru aus Indien so einfach zu akzeptieren und mehr noch, fast alles zu glauben, was sich nach einer spirituellen Botschaft anhörte. Da ich bisher von dem Vortrag über Maitreyas Mission in der Welt sehr angetan war, stand ich der unerwarteten Einführung dieser mir unbekannten Gestalt ziemlich ablehnend gegenüber. Als Creme seine rechte Hand erhob und der angebliche Sai Baba die Zuhörer am anderen Ende des Saals zu segnen begann, hatte ich nur noch negative Gedanken. Vielleicht war auch die vergangene nächtliche Meditation zu viel für mich gewesen. Dieses Zwischenspiel eines Sai Baba schien mir nur von der wichtigen Maitreya-Geschichte abzulenken. Wahrscheinlich war ich der Einzige im Raum, der die Bemerkungen von Benjamin Creme über Sai Baba und seine Beziehung zu Maitreya nicht akzeptieren konnte. "Wer ist dieser Guru aus Indien?", dachte ich. "Welche Verbindung könnte dieser Guru zu Maitreya und der Geschichte von der Wiederkehr haben?" Herr Creme hielt plötzlich inne. Er ließ seine Hand sinken und blickte umher, als suche er jemanden. Die Leute fingen an unruhig zu werden. Als ich ihn ansah, trafen sich unsere Blicke.

Ein Stoß vom Avatar

Benjamin Creme schritt zum Ende des Podiums, das sich in meiner unmittelbaren Nähe befand, und erhob seine Hand. Sofort überkam mich das gleiche Gefühl wie letzte Nacht. Als sei sie real und von fester Substanz, schien mich diese unsichtbare Energie zu stoßen — wie ein starker über meinen Körper fegender Wind. Zunächst dachte ich, ein plötzlich aufgekommener Sommersturm sei in den Raum eingedrungen — oder war es vielleicht ein kleiner Tornado? Mein Hirn suchte nach logischen Erklärungen.

Verwirrt beobachtete ich Cremes Hand, die sich kreisend in meine Richtung bewegte. Peinlicherweise zog sein andauerndes Bemühen die Aufmerksamkeit des ganzen Publikums auf mich. Mein logisch denkendes Gehirn konnte für diese Szene keine Erklärung finden.

Jedes Atom meines Körpers schien aufgescheucht. Schließlich kam ich zu der Einsicht, falls dieser Energieschub von einem mächtigen Wesen mit dem Namen Sai Baba käme, könnte ich ihm vielleicht telepathisch mitteilen, dass ich ihn akzeptiere und ihn wissen lassen, dass ich die Energie spüre.

Ich dachte also: "Sai Baba, wenn du mir das antust, damit ich ein Gläubiger werde, will ich an deine Kräfte glauben, sobald du deine Aufmerksamkeit sofort von mir abwendest."

Der Gedanke war vielleicht naiv, doch ob mit Absicht oder aus purem Zufall, ich war aus dem Blickfeld und die Energie stoppte augenblicklich. Creme ging zur Podiumsmitte zurück und fuhr fort, dem Publikum den Segen Sai Babas zu übermitteln.

Ich war überwältigt von diesen neuen energetischen Wahrnehmungen. Wie war das alles möglich? Warum geschah es heute Abend? Weshalb erlebte ich das? Obwohl ich in dem Augenblick ziemlich verwirrt war, musste ich doch zugeben: Diese Wesen gibt es tatsächlich und sie sind hier in der Welt, auch wenn ich sie nicht sehen kann. Nun musste ich mich wohl auch mit dem Leben und der Aufgabe von Sai Baba auseinandersetzen, dessen Vorhandensein ich nicht mehr leugnen konnte. Einige Jahre später hatte ich eine noch dramatischere Begegnung mit Sai Baba.

Als ich an diesem Abend heimfuhr, dachte ich, dass ich an diesem Wochenende bereits mehr spirituelle Abenteuer erlebt hatte, als ich verarbeiten konnte. Wie konnte ich ahnen, dass ich in der folgenden

Nacht bei der öffentlichen Meditation ein weiteres Erlebnis dieser Art haben würde?

Dritter Tag: Öffentliche Transmissionsmeditation

Die öffentliche Zusammenkunft am Sonntagabend, fand in dem Ballraum eines Hotels in der Innenstadt von Baltimore statt. Nahezu 150 Personen hatten sich eingefunden; mehr als ich erwartet hatte. Erfreut über das Interesse an dieser neuen Meditationsform, versuchte ich, so viele Leute wie möglich vor Beginn der Veranstaltung kennen zu lernen.

Wegen der Polarität der Energien bat Benjamin Creme die Frauen, sich auf die eine, die Männer auf die andere Seite zu setzen. Er erklärte, dies würde die Arbeit für die Meister erleichtern.

Ich halte in der Eingangshalle Ausschau nach Nachzüglern

Als fast alle Platz genommen hatten, hielt ich es für eine nette Geste, in der Eingangshalle des Hotels auf Nachzügler zu warten, die vielleicht den Raum nicht fänden. Selbst beim Hinausgehen erschien es mir eine vorgeschobene Entschuldigung. Ich wusste, dass nicht ausgerechnet ich diese Aufgabe übernehmen sollte, da ich doch fast gar nichts über die Gruppe und die Meditation wusste. Trotzdem folgte ich meiner Eingebung und ging zur Hotelhalle.

Die Eingangshalle war leer und auf der Straße vor dem Hotel war nicht viel Verkehr; sogar das Hotelpersonal und die Angestellten von der Rezeption waren abwesend. Ich wollte gerade wieder in den Saal zurückkehren, als ein junger Mann das Hotel betrat. Vielleicht will er an der Meditation teilnehmen, dachte ich zunächst. Dann kamen mir aber Zweifel, denn er schien mir nicht gerade passend gekleidet.

Sein bauschiges weißes Hemd, schwarze Fahrradshorts und ein Rucksack passten gar nicht so recht zu einer Sonntagabend-Meditation in einem seriösen Hotel. Es war anscheinend ein Radbote oder, was eher anzunehmen war, ein radfahrender Hotelgast nach einer Tour, dachte ich — ein ungewöhnlich großer Mann mit lang gewelltem Haar, das ihm bis über die Schultern fiel. Er hatte einen olivefarbenen Teint und die dunklen Augen eines Nordinders. Er sprach jedoch wie ein gebildeter Amerikaner mit mir. Bis auf die schwarzen Shorts sah er so aus wie ich mir Maitreya vorgestellt hatte!

Ich gab ihm eine kurze Antwort und fand, mehr wäre wohl nicht zu sagen. Er versuchte eine Unterhaltung anzufangen; ich jedoch war in Eile und wollte vor Beginn der Meditation noch einmal schnell in den Waschraum. Er folgte mir in den Waschraum, sagte lächelnd "Hallo" und schien jetzt noch mehr an einem Gespräch interessiert zu sein. Ich aber wollte nur zur Meditation zurück.

Ich eile zur Meditation zurück

Als ich den abgedunkelten Ballraum erreichte, begann auch schon die Meditation. Herr Creme gab gerade die Anweisung zu entspannen und die Aufmerksamkeit nach "oben" zu richten. Um Maitreya das Über-schatten der Gruppe zu erleichtern, sollten wir uns an den Händen halten. Wenn die Überschattung beginne, würde er sagen: "Christus ist nahe" — nicht physisch nahe, betonte er, sondern energetisch. Ich schloss die Tür und suchte nach einem Platz.

"Was geschieht hier?", fragte derselbe junge Mann, der auf einmal völlig unerwartet hinter mir auftauchte. Ich flüsterte etwas von Trans-missionsmeditation und wie sie Maitreyas Hervortreten begünstige.

Er sagte: "Ist sie öffentlich?" Ich bejahte, hatte jedoch meine Zwei-fel, ob der junge Mann tatsächlich teilnehmen wollte und ermunterte ihn deshalb gar nicht erst.

Er bestand aber darauf und fragte, ob er teilnehmen dürfe. Höf-lich, aber etwas frostig, sagte ich "ja" und bot ihm an, hinter dem letz-ten Mann in der Reihe Platz zu nehmen; er solle sich aber beeilen, denn wir hätten bereits anfangen. Als ich leicht gereizt nach einem Platz in der vordersten Reihe in der Nähe von Herrn Creme Ausschau hielt, folgte mir der junge Mann.

Jetzt bestand kein Zweifel mehr, dass er mich verfolgte und ich begriff nicht weshalb. Ich hatte immer mehr den Eindruck, dass er gar nicht an der Meditation teilnehmen, sondern in Wirklichkeit ein Ge-spräch mit mir führen wolle. In dieser unbequemen Lage suchte ich nach einem Einzelplatz, sodass er nicht neben mir sitzen und weitere Fragen stellen konnte.

Ich hatte selber zu viele Fragen, die der Antwort bedurften. Wie war es möglich, dass dieser junge Mann genauso aussah, wie ich mir Maitreya vorstellte? Warum gab es solche Widersprüche in seiner Erscheinung und Sprache? Weshalb konnte ich ihm nicht entkommen? In mir kam der Gedanke auf, dass es tatsächlich Maitreya sein könnte. Aber in Fahrradhosen?! Es war geradezu grotesk.

In der vordersten Reihe auf der Männerseite erspähte ich einen Stuhl und setzte mich. Der mysteriöse junge Mann stand noch am Ende des Raumes und sah mich an. Dann kam er den Mittelgang entlang und steuerte zielstrebig auf mich zu. Zu meiner Erleichterung waren alle Plätze um mich herum besetzt. Plötzlich jedoch sprang ein junger Mann neben mir auf und meinte, er wolle lieber bei seinen Freunden sitzen. Jetzt dachte ich, es sei vielleicht doch Maitreya und er habe den Mann telepathisch gebeten, seinen Platz zu verlassen. Prompt eilte mein "Verfolger" herbei und setzte sich wie selbstverständlich neben mich. Heute ist es mir völlig klar, aber damals verzweifelte ich bei dem Gedanken, dass er sich nicht von seinem Plan abbringen ließ, neben mir sitzen zu wollen.

Beginn der Meditation

"Richten Sie Ihre Aufmerksamkeit auf den Scheitel", sagte Creme. "Entspannen Sie sich und nehmen Sie jetzt die Hand Ihres Nachbarn."

Also ergriff ich die Hand des jungen Mannes, den ich jetzt für Maitreya hielt; es war ganz still. "Christus ist nahe", klang es von Creme. Ich konnte es kaum glauben, wie sehr diese Aussage der Wahrheit entsprach. Die Überschattung begann. In gewohnter Weise kündigte Herr Creme die wechselnden Energiewellen oder Strahlen an.

Nach ein paar Minuten lehnte sich der junge Mann an meine Schulter und flüsterte mir ins Ohr: "Wie lange wird die Meditation dauern?" Ich hielt es für das Beste, nichts zu sagen. Noch einmal fragte er etwas lauter: "Wie lange dauert das hier?" Zunächst dachte ich, der junge Mann sei nicht an der Meditation interessiert. Aber Maitreya? Ich flüsterte zurück, dass sie wohl mehrere Stunden dauern würde. Mir kam wieder der Gedanke, wenn er nicht wirklich interessiert sei, würde er wohl bald gehen, aber er blieb.

Einige Minuten später neigte er sich wieder zu mir und sagte: "Ich bin sehr beschäftigt. Ich kann nicht länger bleiben. Würden Sie mir helfen?" Jetzt war ich völlig verwirrt. War es nun Maitreya oder nicht? Wenn nicht, welche Hilfe suchte er? Geld? Für einen Bettler war er äußerst gepflegt, sauber und sehr kultiviert.

Wieder beugte er sich vor und wiederholte, er müsse bald gehen und brauche Hilfe. Da wurde mir klar, dass dieses Problem unmöglich während der Meditation gelöst werden konnte. Ich fragte ihn, ob wir uns in der Eingangshalle des Hotels weiter unterhalten könnten. Er stimmte zu und wir verließen den Ballraum. Offensichtlich wartete er darauf, dass ich das Gespräch beginnen würde. Heute weiß ich, dass er meinen freien Willen nicht verletzten wollte.

Fortsetzung der Unterhaltung in der Hotelhalle

In der Eingangshalle gab er mir die Gelegenheit ihn als Maitreya wahrzunehmen — eine Erfahrung, die man erst dann wirklich verstehen kann, wenn man sie selber gemacht hat.

Beim Betreten der noch leeren Eingangshalle war ich völlig durcheinander. Dieser junge Mann entsprach nicht dem gewohnten Bild eines Bettlers und er benahm sich auch nicht so. Trotzdem schien es mir absurd, ihn für Maitreya zu halten.

Zunächst schwieg er, also teilte ich ihm mit, dies sei keine religiöse Gruppe, die ihm Hilfe anbieten könne. Sein direkter und offensichtlich amüsierter Blick verblüffte mich. Als ich ihm erklärte, wir seien eine Gruppe von Leuten, die sich zum Meditieren treffe, weil wir der Meinung seien, Maitreya, der Christus, sei wieder unter uns, amüsierte er sich noch mehr, sagte aber kein Wort.

Die ganze Situation war so seltsam, dass ich schließlich gar nichts mehr sagen konnte. Ein paar Augenblicke lang sahen wir uns nur an. Sein betont magnetischer Blick voller Frohsinn drang tief in mein Bewusstsein ein. Ganz tief innen begann ich zu spüren, dass ich mit einem außerordentlichen Wesen sprach. Da ich gern gewusst hätte, was er von mir wollte, fragte ich ihn direkt: "Warum brauchen Sie meine Hilfe?"

Nachdem ich die Frage gestellt hatte, wurde er sehr ernst, schaute mir in die Augen und sagte: "Ich muss mich um viele Menschen in der Welt kümmern. Ich brauche Ihre Hilfe."

Diese Bemerkung ergab für mich keinen praktischen Sinn, aber sie traf mich ins Herz. Ich war überwältigt. Für einige Zeit – ich weiß nicht wie lange – konnte ich weder denken noch mich bewegen; ich schaute nur verwundert in seine Augen. Ich hatte Maitreya erfahren. Schließlich lächelte er mich an und sagte: "Vielen Dank" und ging aus dem Hotel in die Nacht hinaus.

Unvergessliche Erinnerung

Dieses Erlebnis mit Maitreya habe ich nie vergessen. Es ist noch so lebhaft in meinem Gedächtnis, als wäre es heute und nicht 1982 geschehen. Andere, die ihm begegnet sind, beschreiben ihr Erlebnis ebenfalls als unvergesslich. An dem Wochenende, an dem Benjamin Creme in Washington beziehungsweise Baltimore zu Besuch war, wurde ich wahrlich in die Geschichte um die Wiederkehr Christi eingeweiht.

Rückblickend bin ich Maitreya und den Meistern dankbar, dass ich durch derart dramatische Erlebnisse dazu gebracht wurde, die Wahrhaftigkeit ihrer Existenz zu akzeptieren. So blieb mir letztlich keine andere Wahl, als die noch vorhandenen Zweifel über die heutige Anwesenheit der Meister in der Welt auszuräumen. Nur wenige Monate später sollte ich eine noch tiefgreifendere Erfahrung machen.

Weitere Beweise

Jahre später wurde mir von einem Jünger Maitreyas, einem Meister der Weisheit, durch Benjamin Creme bestätigt, dass dieser junge Mann in Fahrradshorts tatsächlich Maitreya war. Als ich dann 1988 das erste Foto von Maitreya sah, hatte ich einen weiteren Beweis. Ich entdeckte es in einer Sendung auf CNN, die über das Erscheinen eines Mannes in Nairobi, Kenia, berichtete, den die Menschen für Jesus Christus hielten. Auf dem Foto hatte er einen weißen Umhang und einen dunklen Bart. Obwohl der Mann, dem ich in Baltimore begegnete, glatt rasiert war, hatte er eindeutig das gleiche Gesicht.

Damals fand in Kenia ein öffentlicher Heilungsgottesdienst statt und Maitreya erschien wie aus dem Nichts vor den Augen einer Menge von etwa 6.000 Versammelten und verschwand auf die gleiche Art und Weise. Glücklicherweise waren ein Journalist und ein Fotograf anwesend. Ihre Geschichte ging damals um die ganze Welt. Viele Menschen sollten später auf dem Foto den Mann erkennen, dem sie in außergewöhnlicher Weise begegnet waren.

In den vergangenen Jahren haben zahlreiche Menschen – möglicherweise Tausende – Maitreya im Alltag erlebt. Wenn er mit Personen aus den Transmissionsmeditationsgruppen in Kontakt tritt, bittet er oft um ihre Hilfe, wie auch mich in jener Nacht in Baltimore. Maitreya zeigt sich den Menschen in einer Gestalt, die ihn nicht sofort als den Christus ausweist, sondern stets als ganz normales Mitglied der menschlichen Familie. Meistens begreifen die Beteiligten erst *nach* dem Erlebnis, dass diese scheinbar ganz gewöhnliche Person, tatsächlich in jeder Hinsicht außergewöhnlich war.

Noch ein Treffen mit Maitreya

"Der Meister ist in dir. Wenn du der Schule des Lebens
folgst, erzieht dich der Lehrer,
der Meister offenbart sich in dir selbst.
Binde dich nicht an die äußere Form.
Lebendige Wahrheit entsteht durch Erfahrung."

—Maitreya

Wenige Monate nachdem ich von Maitreya und den Meistern der Weisheit gehört hatte, nahm ich 1983 in Washington D.C. im Haus von Freunden an einem Treffen teil. Etwa 14 Personen waren anwesend. Kurz nach meiner Ankunft, während ich noch mit einer Bekannten sprach, sah ich plötzlich eine große goldene Lichtkugel durch den Raum schweben. Die Kugel tauchte in Augenhöhe direkt hinter dem Kopf meiner Gesprächspartnerin auf und bewegte sich dann kontinuierlich nach links.

Halbwegs erschreckt, aber höchst fasziniert beobachtete ich die goldene Kugel wie sie auf eine Ecke im Wohnzimmer zuschwebte und begann, an den Wänden entlang einer unsichtbaren Spur zu folgen. Dann glitt sie an den Köpfen einiger Personen vorbei, die in der Nähe einer anderen Ecke des Raumes standen. Ich schaute schnell meine Bekannte an, doch sie sprach weiter, als sei nichts geschehen. Es war offensichtlich, dass sie nicht sah, was ich sehen konnte.

Nach wenigen Sekunden hatte die Kugel eine ganze Umdrehung vollendet und war jetzt wieder hinter ihrem Kopf, um die zweite Runde zu beginnen. Nun aber waren es schon zwei goldene Kugeln, die eng aneinander lautlos gegen den Uhrzeigersinn durch den Raum schwebten.

Ich unterdrückte mein Verlangen als Erster zu fragen: "Was machen denn diese Kugeln hier?" Ich hoffte, wenn ich der Erscheinung nachschauen würde, könnte meine Bekannte das seltsame Phänomen ebenfalls bemerken und sich vielleicht dazu äußern. Aber nichts dergleichen geschah. Stattdessen sprach sie munter weiter, während ich nun drei Kugeln durch den Raum gleiten sehen konnte. Sie hatten die Größe von Volleybällen und waren wie Perlen an einer Kette aufgereiht, die sich mit gleichmäßiger Geschwindigkeit fortbewegte.

Ich konnte mir nicht vorstellen, dass ich der Einzige war, der dies sah. Da ich meine Begeisterung nicht mehr zügeln konnte, wollte ich gerade ausrufen: "Warum sagt denn niemand etwas zu den Lichtkugeln, die hier durch den Raum schweben?"

Doch ich war unfähig zu sprechen; bei jedem Versuch öffnete ich zwar meinen Mund, konnte aber keinen Laut von mir geben. Da man dachte, ich würde ersticken, wurde mir auf den Rücken geklopft. Mit einer Handbewegung gab ich zu verstehen, dass mein Atem in Ordnung sei und ich nur nicht sprechen könne.

Bei einem letzten Versuch, mich zu artikulieren, verließ mich das Gefühl in den Beinen und ich sank in die Knie. Im selben Augenblick hörte ich ganz klar eine Stimme in meinem Kopf, die sagte: "Erzähle niemandem im Raum, was du siehst."

Unversehens wurde mir klar, dass meine stoffliche, physikalische Welt mit der spirituellen Welt in Kontakt gekommen und beide miteinander verschmolzen waren. Als ich aufschaute, war der gesamte Raum mit einer Kette von aneinandergereihten goldenen Kugeln ausgefüllt, die ihren mysteriösen Rundflug fortsetzten. Nach meinem Fall wollten mir die Leute zu Hilfe eilen, doch auf einmal fühlte ich mich wohl und konnte wieder sprechen. Allerdings hielt ich mich an die Anweisung, nichts über die Lichtkugeln zu sagen.

Man bot mir im Wohnzimmer einen Stuhl in Fensternähe an und beruhigte mich, dass bald wieder alles in Ordnung sei. Ich erzählte natürlich nichts davon, dass sich die Lichtkugeln nun schon Reihe um Reihe vervielfachten, wobei die Reihen sich jeweils gegeneinander bewegten. Ich schloss für ein paar Sekunden die Augen, weil ich dachte, dass dadurch die Kugeln möglicherweise verschwänden und die Welt wieder in Ordnung sei. Stattdessen entdeckte ich, dass ich sie mit geschlossenen Augen noch viel klarer sehen konnte. Die Kugeln bewegten sich jetzt so schnell, dass sie zu einem riesigen Gebilde goldenen

Lichts zu verschmelzen schienen, das den ganzen Raum ausfüllte. Dann zogen sich die Wände zu einem engen Kreis um mich zusammen. Jenseits dieses eingrenzenden Ringes konnte ich nichts mehr sehen, doch hörte ich die Leute im Raum noch sprechen. Ganz gleich ob ich die Augen offen oder geschlossen hielt, die Vision war vorhanden und nichts konnte daran etwas ändern. Also machte ich mich darauf gefasst, dem Unbekannten zu begegnen. Ich bemerkte, dass die Lichtwand sich nicht mehr auf mich zubewegte, sobald Angst in mir aufstieg; im Gegenteil, sie zog sich sogar zurück. In dem Moment aber, in dem ich das kreisförmige Gebilde akzeptiert hatte, umgab es mich unvermittelt mit einem Lichttunnel.

Obwohl der Lichttunnel stabil und voller Leben schien, glaubte ich, es sei lediglich eine harmlose Illusion, geschaffen zu einem unbekannten Zweck, den ich wohl nie würde ergründen können. Als ich mich entspannte und das Erlebnis akzeptierte, wurde es noch realer.

Ich schaute hinauf und sah direkt in einen Lichttunnel hinein. Ein langer Silberstab mit drei Enden kam auf mich zu, die sich kurz darauf an drei Stellen an meinen Kopf legten und begannen, mein Bewusstsein aus meinem physischen Körper zu ziehen. Ich wusste, dass ich gleich eine so genannte "außerkörperliche Erfahrung" machen würde.

Der Schauplatz ändert sich

Als ich meine Augen wieder öffnete, befand ich mich in einem anderen Raum. Ich lag mit dem Gesicht nach unten auf einem dunkelgrauen Teppichboden; neben meinem Kopf klaffte ein Loch, das groß genug war für den Durchgang eines menschlichen Körpers. Als ich in die Öffnung schaute, sah ich den Lichttunnel, in dem weit unten meine Freunde still dasaßen, als würden sie schlafen.

Plötzlich schloss sich das Loch. Die Öffnung, die ich wohl gerade noch durchquert hatte, war jetzt spurlos verschwunden. Ich vermutete, dass es sich hier um eine der Menschheit noch nicht verfügbare Technik handelte. Ich befand mich in einer anderen Dimension. Der runde, etwa neun Meter breite und mit einem Kuppelgewölbe ausgestattete Raum war nur schwach beleuchtet. Entlang der Wände waren ringsum – bis auf die Stelle der bisherigen Öffnung – eingebaute Sitzplätze angebracht. Ich richtete mich vom Boden auf und schaute mich weiter um.

Von der Wand her leuchtete ein schwach grünliches Licht und erhellte eine Art Schreibpult. Von der anderen Seite schien hinter einer Absperrung, die nicht ganz bis zur Kuppel reichte, helles weißes Licht hervor. Mir blieb jedoch keine Zeit mehr, mich länger umzuschauen, denn schon trat eine menschliche Gestalt, offenbar weder männlich noch weiblich, hinter der Absperrung hervor, sagte aber nichts. Wir blickten uns an und es dauerte eine Weile bis ich begriff, dass dieses "Wesen" mir telepathisch eine Botschaft zu übermitteln versuchte und ich alle Mühe hatte, diese zu verstehen.

Ich nehme die Einladung an, Maitreya zu treffen

Dieses Wesen, das in dem strahlend hellen Licht als nebelhafte Gestalt erschien, teilte mir mit, dass es als mein Begleiter geschickt worden sei, um mich zu einem Treffen mit den Meistern zu bringen. Ich wurde deutlich vor die Wahl gestellt, entweder mit ihm zu gehen oder "unten" bei meinen Freunden zu bleiben.

Falls ich die Einladung ablehnen sollte, könnte ich sofort in das Wohnzimmer zurückkehren und hätte keinerlei Erinnerung an das, was geschehen war. Da ich nun schon so weit gekommen war und diese Erfahrung nicht vergessen wollte, stimmte ich zu.

Wie diese "Reise" durchgeführt wurde, wusste ich nicht, denn ich war in einem gedankenlosen Zustand. Als ich wieder aufwachte, wurde ich gerade von zwei Männern, die mich unter den Armen stützten, durch einen Türrahmen befördert. Sogleich teilte man mir mit, ich könne jetzt ohne Hilfe weitergehen. Durch ein Tor traten wir in einen riesigen Raum, wobei ich aber immer noch von meinen Helfern an den Armen gehalten wurde. Als wir auf einen Kreis von Menschen zugingen, hatte ich gerade noch Zeit, festzustellen, dass ich mit einer großen Anzahl Leute zusammen war, die wie ich, ein kurzes weißes Gewand trugen. Wie und wann meine Kleidung gewechselt worden war, wusste ich nicht. Noch einmal schaute ich zurück zu meinen beiden "Paten", die mit mehreren Männern hinter mir nahe beim Tor standen, durch das wir eingangs hereingekommen waren. Sie trugen unterschiedlich lange Gewänder. Ich nahm an, dass sie alle Meister waren. Einer von ihnen deutete mir mit einer freundlichen Geste, ich solle nach vorn in den Kreis treten. Ich war erleichtert, zumindest einen "Freund" zu haben, der im Verlauf dieser Zeremonie auf mich aufpasste.

Plötzlich wurde das Zentrum unseres Kreises durch einen intensiven Lichtstrahl erhellt. Kurze Zeit darauf drang aus dem Bereich rechts von mir aus einiger Entfernung noch mehr Licht herein. Als wir uns diesem helleren Licht zuwandten, wurde die immense Ausdehnung des Raumes erkennbar. Gigantische Türen am äußersten Ende wurden aufgestoßen. Ich schätzte sie auf eine Höhe von sechs Metern, verglichen mit der Größe des Mannes, der sie öffnete.

Jetzt flutete noch mehr Licht herein und gab den Blick frei auf eine ganze Reihe von Männern in langen Gewändern, die sich zwischen mir, dem Kreis von Besuchern und der Tür befanden. Die Männer stellten sich auf beiden Seiten in Reihen auf und ließen einen breiten Mittelgang frei. Herein trat eine menschliche Gestalt in weißer Robe, von weißem Licht umhüllt. Als sie durch die Reihen der Meister schritt, wurde ihr Gewand wie von einem leichten Lufthauch bewegt. Obwohl die Gestalt noch zu weit entfernt war, um sie klar erkennen zu können, hatte ich keinen Zweifel, dass es Maitreya war.

Meine Begegnung mit Maitreya[1]

Als die strahlende Gestalt sich mir näherte, fragte ich, ob sie Maitreya sei, den wir den Christus nennen.

"Ja", war seine Antwort und ohne weitere Fragen von mir abzuwarten, sagte er: "Von Zeit zu Zeit laden die Meister und ich Angehörige der Menschheit an diesen Ort ein, von denen wir glauben, dass sie bereit sind, uns bei unserer Aufgabe zu helfen." [2]

Er fragte: "Möchtest du uns helfen?" Ich sagte natürlich ja. Dann fragte er, ob ich gewillt sei, einige Fragen zu beantworten, dadurch könne er besser erkennen, wie ich am nützlichsten für ihre Arbeit sei.

Ich würde mich später weder an die Fragen noch an die Antworten erinnern. Meine etwas törichten Bedenken, ich könnte falsche Antworten geben, wurden von Maitreya mit einem Lachen quittiert. Er versicherte mir, das sei nicht möglich, er würde ohnehin nur meine Gedanken lesen. Jetzt fragte er mich freundlich, ob ich bemerkt hätte, dass die Unterhaltung ausschließlich telepathisch stattfände. Ich musste bekennen, dass mir das nicht bewusst sei, worauf einige der Meister zu lachen anfingen. Dann fand ich es selber amüsant, dass ich den Unterschied zwischen regulärer Sprache und Telepathie nicht mehr feststellen konnte.

Für diejenigen, die bisher noch keine außerkörperliche Erfahrung gemacht haben oder sich nicht daran erinnern können, wäre es gut, darüber nachzudenken, was mit einer "außerkörperlichen Erfahrung" gemeint ist. Ich entdeckte, dass "Realität" immer dort ist, wo sich momentan unser Bewusstsein befindet. Als ich mich im "Lichtkörper" befand, fühlte er sich genauso an, wie mein fester physischer Körper. Man kann eine Berührung spüren und sogar Schmerz. In fast jeder Hinsicht war ich immer noch in einem Körper, in dem mir beinahe alles vertraut war. Denken, Sehen und Berühren schienen nicht anders zu sein, als wenn ich mich in einem physischen Körper auf festem Boden befände. Man erinnerte mich an die uralte Weisheit, die lehrt, dass alle Menschen *zwei* physische Körper besitzen, einen festen, stofflichen und einen energetischen.

Nach Abschluss der Befragung drehten mich meine Paten in eine andere Richtung und ich sah vor mir ein spirituelles Feuer lodern. Ich verspürte den Drang, die Hand auszustrecken und das Feuer zu berühren. Die Flammen glichen Magneten, die durch ihre Ausstrahlung meine ganze Aufmerksamkeit in den Bann zogen. Ich wusste, dass diese Flammen die drei spirituellen Feuer des Kosmos darstellten. Auch in der Bibel wird Gott als ein alles verzehrendes Feuer bezeichnet. Erstaunlicherweise war es mir dennoch möglich, während dieses wundervollen Schauspiels Maitreya weitere Fragen zu stellen.

Die Zeit schien nicht zu existieren, denn ich hatte den Eindruck, es seien schon Jahre vergangen. Ich erlebte das "Ewige Jetzt", über das die Weisen schon seit jeher berichteten. Während wir im Angesicht der frei fließenden spirituellen Energien standen, sagte ich zu Maitreya, dass, wenn die Menschen diese Energie erfahren könnten, sie alle erdgebundenen Vorstellungen vom "Paradies" über Bord werfen würden. Lachend stimmte er zu, dies sei ein einzigartiges Erlebnis und der menschliche Verstand könne das Paradies nicht begreifen.

Er fuhr fort, mir zu erklären, es gäbe noch weitere, großartigere Gotteserfahrungen, die noch viel beeindruckender seien. "Ich weiß, wovon ich spreche", sagte er, "denn ich habe sie erlebt."

Viel zu schnell, wie mir schien, wurde ich in eine andere Richtung geführt und konnte alsdann die Flammen nicht mehr sehen. Ich wurde darauf vorbereitet, dieses überwältigende Erlebnis hinter mir zu lassen und zu meinen Freunden zurückzukehren.

Zeit für weitere Fragen

Ich bat Maitreya um die Beantwortung weiterer Fragen. Die beiden Meister, die mich begleiteten, sagten, dafür sei keine Zeit mehr, da ich meine Freunde nicht länger warten lassen könne, doch Maitreya stimmte meiner Bitte zu.

Nach diesen äußerst tiefgreifenden Erfahrungen war ich nicht mehr sicher, was ich auf der Erde vorfinden würde. Also wollte ich von Maitreya wissen, ob mein alter Körper noch vorhanden sei und ich ihn wieder in Besitz nehmen könne. Lachend versicherte er mir, der würde auf mich warten. Nach dieser Erfahrung verstand ich die uralten Weisheitslehren noch besser, denn sie bezeichnen unseren physischen Körper immer nur als ein Gefährt für die Seele. Es ist das Bewusstsein, das zählt.

Dann fragte ich, ob ich nun zu meinem Leben in Washington zurückkehren müsse. Nach meiner Meinung war alles in Maitreyas Welt viel angenehmer und ich wollte bleiben.

Nach einer kurzen Pause fragte er: "Was bindet dich denn an die physische Welt?"

"Nichts", widersprach ich, denn im Augenblick *gab* es nichts, weswegen ich in die Welt zurückkehren wollte. Er blickte mich auf seltsame Weise an und sagte, er wolle mir etwas zeigen. Wir gingen zu einer scheinbar leeren Wand hinüber. Er machte mit seiner Hand eine kreisende Bewegung und sofort öffnete sich ein "Fenster" in die Welt darunter. Dann sagte Maitreya: "Schau hinaus und erzähle mir, was du siehst."

Offensichtlich befanden wir uns zu nächtlicher Stunde hoch über der Erde. Zu meiner Rechten ging am fernen Horizont gerade die Sonne auf. Unter uns lag eine riesige Wüste. Zunächst suchte ich nach dem Roten Meer oder dem Persischen Golf und hoffte, die Wüste anhand eines erkennbaren Gewässers identifizieren zu können. Es war aber kein Wasser zu sehen, sondern nur endloses Land in fast völliger Dunkelheit.

Als dann die Sonne langsam am Horizont aufstieg und das erste Tageslicht anbrach, erkannte ich rechts von mir einen riesigen Ozean und die undeutlichen Konturen der japanischen Inselgruppe am fernen Horizont. Diese Grenzzeichen ließen mich darauf schließen, dass wir in großer Höhe über der Wüste Gobi sein mussten.

"Ja, ja", sagte Maitreya, "aber das ist nicht das, was ich dir zeigen wollte. Schau noch einmal genauer hin."

Jetzt berührte er mich mit der Hand und im selben Augenblick tauchte ich ein in viele Bewusstseinskanäle, durch die ich gleichzeitig die wunderbaren Errungenschaften der menschlichen Hochkultur in Ost und West betrachten konnte. Diesen Zustand des Bewusstseins kann ich nur auf folgende Weise beschreiben: Stellen Sie sich vor, sie sitzen mitten in einem großen Raum mit Hunderten von Fernsehern an den Wänden. Alle sind auf verschiedene Sender eingestellt und übertragen in unterschiedlichen Sprachen. Und nun stellen Sie sich vor, dass Sie nicht nur eine Sendung verfolgen, sondern alle Sendungen gleichzeitig problemlos sehen und verstehen können. Das ist, glaube ich, Maitreyas Beziehung zur Welt, er ist fähig, alles, was überall und in jedem Moment geschieht, zu sehen und zu verstehen.

Maitreya fragte, ob mir das, was ich sehe, gefalle, und schlug vor, solange zu bleiben, wie ich wolle, es sei keine Eile geboten. Er wiederholte nochmals: "Es gibt keinen Grund zur Eile."

Beim Betrachten dieser Szenen überkam mich ein Glücksgefühl. Dann fragte er mich, ob ich ein ganzes Leben lang diese irdischen Ereignisse betrachten wolle. Ich antwortete, ich hätte nichts dagegen, es sei alles so wunderschön.

"Und wie wäre es mit *zwei* solchen Leben?", bot er an. "Es gibt keinen Grund zur Eile." Plötzlich realisierte ich, was ich gerade gesagt hatte: Ich hatte ihm mitgeteilt, dass ich noch sehr stark an irdische Erfahrungen gebunden war. Maitreya wusste, dass er mir eine Lektion über meine Verhaftungen erteilt und ich die soeben gemachte Erfahrung verstanden hatte. Sogleich zog er mich vom "Portal der Erfahrung" zurück und das Fenster schloss sich wieder.

Ich werde an meine Versprechen erinnert

Ich hatte nichts mehr zu sagen, aber ich war überwältigt von seiner Liebe, als er erklärte: "Könnte ich zurückgehen und dein Leben für dich zu Ende leben, würde ich es tun. Ich würde es für dich und für den Rest der Menschheit tun, aber ich kann nicht, weil es mir nicht erlaubt ist." Wieder erinnerte er mich daran, dass ich mein eigenes Leben leben müsse.

Als dann meine Paten, die beiden Meister, mich wieder wegführten, fügte Maitreya hinzu: "Wenn die Zeit kommt, hoffe ich, hältst du die Versprechen, die du mir heute gegeben hast."

Ich erwiderte, ich könne mich nicht erinnern, irgendwelche Versprechen gegeben zu haben, aber er versicherte mir, das hätte ich getan und zu gegebener Zeit würde ich gebeten, sie einzuhalten.

Rückkehr zum Treffen meiner Freunde

Mit einer neuen Bescheidenheit, die mir durch diese Erfahrung geschenkt worden war, wandte ich mich schließlich wieder meinem Leben und meinem Regierungsjob in Washington zu. Irgendwie brachte man mich mit immenser Geschwindigkeit in das Wohnzimmer meiner Freunde zurück. Den Aufprall beim Wiedereintritt in meinen physischen Körper empfand ich als so gewaltig, dass ich glatt vom Stuhl flog. Als ich die Augen öffnete, fand ich mich mit dem Gesicht nach unten auf dem Boden liegend. Ich richtete mich bis zu den Knien auf und schaute mich um.

Im Raum war es dunkel und still und ich stellte fest, dass alle im Haus sich in einer Art Dornröschenschlaf befanden. Ich wollte gehen, bevor jemand aufwachte, aber sobald ich aufstand und einen Schritt auf die Tür zumachen wollte, gingen die Lichter an. Mit einem Mal waren alle wieder lebendig und fingen an, sich zu unterhalten. Keinem schien aufgefallen zu sein, dass ihnen eine Stunde der Nacht abhanden gekommen war. Als ich ging, bemerkte eine Frau, sie habe gerade auf die Uhr geschaut, als es acht war und nun sei es bereits nach neun. Die anderen äußerten sich nicht und ich schlich schnell aus dem Haus, um die Ereignisse des Abends allein zu überdenken.

An den Ablauf der nächsten Tage kann ich mich nicht entsinnen. Erst das Läuten meines Telefons holte mich in die Realität zurück. Meine Dienststelle wollte wissen, warum ich die letzten drei Tage nicht zur Arbeit erschienen war. Eine gute Frage — auf die ich keine Antwort hatte.

Hawaiianische Nachtschule

"Mein Herz umschließt alle, die mich kennen,
und alle, die mich um Hilfe bitten.
So wird es immer sein.
Meine Brüder und Schwestern,
meine Hilfe steht euch zur Verfügung,
ihr müsst nur bitten."

—Maitreya

Als ich die Bedeutung der Begegnung mit Maitreya und den Meistern zu verinnerlichen begann, wurde mir klar, dass ich versuchen musste, ihre Rolle in Bezug auf die Menschheit besser zu verstehen. Also nahm ich mir die empfohlene Literaturliste aus dem Buch von Benjamin Creme vor und begann mein Studium mit den Werken von Alice Bailey, Helena Blavatsky, Krishnamurti und ein paar anderen Büchern. Wöchentlich nahm ich an der Transmissionsmeditation teil und kam in Kontakt mit zahlreichen Leuten, die ebenfalls Erfahrungen mit den Meistern gemacht hatten. Bald schon realisierte ich, dass meine Erlebnisse keineswegs einzigartig waren.

Nach dem Treffen mit Maitreya, irgendwo über der Wüste Gobi, wurde es mir zur Gewohnheit, um vier Uhr in der Früh aufzuwachen, als hätte mich etwas aufgeschreckt. Manchmal sah ich menschliche Gestalten in meinem Schlafzimmer umherwandern. Anfangs dachte ich an Einbrecher. Dann aber wurde mir klar, dass die Meister uns oft besuchen, um uns zu unterrichten, während wir schlafen. In der Regel kommen sie gegen drei Uhr morgens und nach einer Stunde gehen sie wieder.

Das Erlebnis von 1989

Oft erwachte ich genau in dem Moment, als der Meister gerade wieder aufbrach. Doch einige Jahre später, 1989, gab es diesbezüglich eine Wendung. Es war Anfang März und ich befand mich auf einer offiziellen Besuchsreise für die US-Regierung. Ich hatte gerade eine monatelange Inspektionsreise zu mehreren amerikanischen Botschaften in Ostasien und in der Pazifikregion hinter mir. Auf der Rückreise von Australien nach Washington entschloss ich mich, vor dem Weiterflug einen Zwischenstopp einzulegen und über Nacht in Hawaii zu bleiben.

Am frühen Nachmittag kam ich in Honolulu an. Ich ruhte mich einige Stunden aus und aß anschließend in einem Restaurant am Strand von Waikiki. Gut erholt und gesättigt, wanderte ich einige Stunden am Strand entlang und genoss den wunderbaren hawaiianischen Abend. Mein Ausflug endete mit einem Rundgang durch das alte Royal Hawaiian Hotel, in dem ich seltsamerweise weder Gäste noch Personal antraf. So beschloss ich, in mein eigenes Hotel zurückzukehren, wo ich kurz vor drei Uhr morgens ankam.

Als erstes öffnete ich die Schiebetüren zum Balkon und ließ die milde Nachtluft herein. Ich hatte das Glück, einen Raum in der zwölften Etage mit vorzüglichem Ausblick zu bewohnen und das sogar zum vergünstigten Regierungstarif. Unter mir lag der Ozean und geradeaus, hinter dem grünen Tropenpark erblickte ich den berühmten Diamond Head. Der aufsteigende Vollmond erhellte den Ozean und zeigte im Gegenlicht die wunderschönen Umrisse des Berges im Nachthimmel. Nichts in dieser friedvollen hawaiianischen Szenerie wies darauf hin, dass mir eine verblüffende Begegnung bevorstand.

Gerade gab ich mich dem großartigen Ausblick hin, als ich plötzlich das Gefühl hatte, der Raum bewege sich. Instinktiv griff ich um mich, um wieder festen Halt zu finden. Meine rechte Hand gelangte in die Nähe des Fernsehers und stieß weiter unten auf die Digitaluhr, die gerade exakt drei Uhr anzeigte. In mir blitzte der Gedanke auf, dass die Meister routinemäßig um diese Zeit Unterweisungen geben, aber dann verwarf ich diese Möglichkeit, weil ich dachte, diese Kontakte fänden normalerweise nur im Schlaf statt. Ich jedoch war hellwach.

So war ich doch sehr überrascht, als ich von der Uhr aufschaute und einen jungen Mann in einer kurzen weißen Tunika auf meinem Balkon stehen sah. Sein goldblondes Haar funkelte im Mondlicht und fiel bis auf die Schultern herab, oben auf dem Kopf aber stand es in langen Spitzen hoch. Er glich wahrlich einem Engel; doch schon bald sollte ich seine wahre Identität kennen lernen.

Als erstes sagte er zu mir: "Ich bin hier, um dir deinen Unterricht für heute zu erteilen." Entsetzt sank ich aufs Bett und wunderte mich, was hier wohl vor sich ging. Ich wackelte mit den Zehen und berührte meinen Körper, um mich zu vergewissern, dass ich nicht träumte. Das war sicher nur eine Sinnestäuschung; aber was ich auch versuchte, um die Illusion zu vertreiben, nichts konnte die Szene verändern.

Alles schien normal zu sein, außer dass da ein Jüngling mit gold-blonden Haaren und mit gekreuzten Beinen auf meinem Balkon saß. Ich war viel zu verstört, um mich auf seine Worte konzentrieren zu können.

Mein irritierter Zustand gefiel ihm offenbar gar nicht, denn mit einem Mal erhob er sich und erklärte: "Wenn du nur mit Gedanken-spielen beschäftigt bist und mir nicht richtig zuhörst, kann ich meine Zeit auch sinnvoller verbringen." Und schon verließ er den Balkon, indem er einfach durch das Stahlgitter in die Luft schritt und ver-schwand.

Unmittelbar darauf hörte ich von der Tür her eine Stimme hinter mir: "Ich habe meinen Schüler geschickt, um dich zu unterrichten. Diese Lektion ist wichtig."

Eine andere Gestalt in dunkler Kleidung erteilte mir eine Rüge; ich hätte dem jungen Meister nicht genügend Aufmerksamkeit ge-schenkt. Dieser offenbar ältere Meister, der ebenso "aus heiterem Him-mel" erschienen war, fuhr fort, mir sein Missfallen zu bekunden und ich dachte mir: "Der ist aber streng."

Er musste meine Gedanken gelesen haben, denn kurz bevor er ver-schwand, lächelte er mir mit einem Augenzwinkern zu. Jetzt erkannte ich ihn! Er war ohne Zweifel derselbe, der mich während meines Treffens mit Maitreya einige Jahre zuvor am Arm gehalten hatte. Selbst seine Kleidung war identisch.

Unverzüglich erschien der junge Mann mit dem goldenen Haar wieder und begann mit der "Lektion des Tages": Selbst-Verwirklichung.

Zunächst wollte ich das Thema wechseln, wurde jedoch sofort be-
lehrt, dass ich dieses Thema mehr als jedes andere benötige. Hier ist
die Essenz dessen, was er mir in der nachfolgenden Stunde vermittelte:

> Das "Selbst" könnte man auch als "göttlichen Funken" bezeich-
> nen, der jedem Menschen innewohnt. Zweck unserer Inkarnati-
> on ist es, von dieser hohen Stelle aus zu handeln und Erfahrun-
> gen zu sammeln. Um das zu verstehen, müssen wir wissen, was
> das Selbst nicht ist. Es ist weder Denken, Geist noch Körper.
> So lehrt uns Maitreya in einer Zeile eines Gebets: "Denken, Geist
> und Körper sind meine Tempel, worin das Selbst verwirklicht
> mein Höchstes Sein und Werden."
>
> Das Sein bezieht sich auf unser wahres Selbst, den Gott in uns,
> der ewig ist. Das Werden meint den Verlauf des Lebens in Zeit
> und Raum, die Entwicklung der Seele im irdischen Leben. Den-
> ken, Geist und Körper haben einen Anfang und ein Ende. Da-
> her erreichen wir die Erlösung, sobald wir unser Selbst von Den-
> ken, Geist und Körper befreien.
>
> Selbst-Verwirklichung ist keine Philosophie oder Methode; es
> bedeutet ganz einfach zu wissen, wer wir sind. Das ist jedoch
> schwer zu erreichen, weil wir von Geburt an gewohnt sind, uns
> selbst als Denken, Geist und Körper zu betrachten. Am besten
> erkennen wir unsere Konditionierung, wenn wir uns in unserer
> Beziehung zu anderen beobachten. Die im täglichen Leben auf-
> kommenden Konflikte mit anderen sind sehr aufschlussreich.
> Wir alle meinen, dass unsere eigene Sichtweise der Welt die be-
> ste und einzig richtige ist, sogar wenn sie im direkten Wider-
> streit mit dem aktuellen Geschehen steht.
>
> Beobachte deine Handlungen, Gedanken und Gefühle. Richte
> deine Aufmerksamkeit auf das, was *ist,* nicht was *sein sollte.* Die-
> se korrekte Betrachtung des Lebens ist Bewusstsein. Es zeigt
> uns den begrenzten Zustand auf, in dem wir ständig leben. Aus
> diesem Bewusstsein heraus wird sich – wie durch Magie – eine
> Tür öffnen und wir entdecken das Selbst, sei es auch nur für

einen Moment. Das größte Hindernis für die Selbst-Verwirklichung ist, dass wir die *wahre* Freiheit im Grunde gar nicht wollen. Wir lieben unsere Ideologien, Beziehungen, Traditionen und die Führung durch andere. Wir wollen uns nicht davon trennen. Wir ziehen es vor, uns von anderen sagen zu lassen, was richtig oder falsch ist. Offenbar wissen wir nicht, dass dies Freiheitsentzug ist. Wenn wir die Freiheit wählen, müssen wir all diese Anhaftungen an vertraute Fallstricke der Gesellschaft aufgeben. Das bedeutet für eine gewisse Zeit, den gewöhnlichen Denkprozess zu unterbrechen, um uns für unser wahres Selbst zu öffnen. Das Loslassen unserer Konditionierung erfordert Disziplin und ist eine Kunst, die Maitreya uns in der kommenden Zeit lehren wird. Wenn wir loslassen, *können wir alles erreichen.* Es ist der einzige Weg, das geistige Reich zu erfahren. Uneigennützige Taten sind göttlich, da sie nicht an Denken, Geist und Körper gebunden sind.

Alles zur rechten Zeit

Der Unterricht war genau zu Beginn der vierten Morgenstunde beendet. Mir gefiel die Unterweisung und das Gespräch, und ich hoffte, der junge Meister würde länger bleiben, aber er blieb nicht.

Bevor er ging, fragte ich ihn, ob ich mich am folgenden Tag noch an das Gesagte erinnern würde. Er versicherte mir, das würde ich; vielleicht könne ich mich nicht an alles auf einmal erinnern, doch gewiss an alles zur rechten Zeit.

Ein greifbarer Beweis

"Der Weg des Menschen ist klar.
Heute stehen hinter der Menschheit ihre Brüder von alters her,
ihre Führer und Lenker, ihre älteren Brüder."

—Maitreya

Das Waikiki-Erlebnis war so überwältigend, dass ich die ganze Nacht nicht schlafen konnte. Ich kehrte nach Washington zurück und begann sogleich darüber nachzudenken, wie ungewöhnlich das Ganze doch war. Zu meinem Bedauern hatte ich keinen handfesten Gegenstand, keinen physischen Beweis, der mir oder anderen bestätigt hätte, dass die nächtliche Unterweisung keine Illusion gewesen war.

Wenn ich nur irgendein Erinnerungsstück von der Begegnung besäße, dachte ich, und bat in meiner Meditation am Abend bevor ich wieder ins Büro zurückkehrte, den betreffenden Meister, mir den Gefallen zu tun und einen Beweis zu hinterlassen. Wie konnte ich ahnen, dass mein Wunsch schon am nächsten Tag erfüllt werden sollte, noch dazu auf eine höchst ungewöhnliche und beängstigende Weise!

Wie üblich ging ich an diesem Morgen zur Arbeit. Um zehn Uhr vormittags, während ich die Zeitung las, vernahm ich plötzlich eine klare Anweisung in meinem Kopf, die lautete: "Geh jetzt über die Straße zum Erziehungsministerium. Beeile dich." Die Aufforderung war so eindeutig, dass ich sofort aufsprang und auf den Fahrstuhl zustürmte. Ich rannte an meiner Sekretärin vorbei, die mir bis auf den Flur gefolgt war.

"Wohin gehen Sie?", wollte sie wissen. "Zum Erziehungsministerium", erwiderte ich und fügte noch hinzu, ich würde bald wieder zurück sein. "Warum?", fragte sie, aber ich fand keine passende Antwort.

Einen Augenblick lang blieb ich im Flur stehen und machte mir klar, dass ich tatsächlich keinen triftigen Grund hatte, zum Erziehungsministerium zu gehen. Etwas verlegen und erstaunt über mein eigenes Verhalten, kehrte ich in mein Büro zurück. Kaum hatte ich mich jedoch wieder an meinen Schreibtisch gesetzt, vernahm ich dieselbe Aufforderung erneut, diesmal noch viel eindringlicher. In der Hoffnung, weiteren Fragen meiner Sekretärin entgehen zu können, stand ich auf und eilte zum Fahrstuhl.

Auf dem Weg zum Erdgeschoss sagte mir mein logischer Verstand immer wieder, dass dies alles verrückt sei, während gleichzeitig eine andere Stimme in meinem Kopf mich zum Weitergehen ermutigte. Es schien, als bewohnten zwei Personen meinen Körper, die mich in zwei entgegengesetzte Richtungen zogen. Schließlich eilte ich nach draußen und ging direkt auf mein Ziel zu. Das heißt, ich versuchte gegen alle Verkehrsregeln eine sechsspurige Straße zu überqueren. Aus irgendwelchen Gründen kam es mir nicht in den Sinn, bis zur Ecke zu gehen und den Fußgängerüberweg zu benutzen.

Ich hatte schon fast die Straßenmitte erreicht, als mich plötzlich die Angst überkam, von einem unbekannten Objekt erschlagen zu werden und mich veranlasste, zum Bürgersteig zurückzukehren. Die Furcht war tatsächlich so groß, dass ich nicht bloß bis zum Gehweg oder Zebrastreifen rannte, sondern den ganzen Weg zurück bis in die Vorhalle meines Bürogebäudes. Dort spähte ich durch das Fenster, fest davon überzeugt, dass irgendwo da draußen eine todbringende Gefahr auf mich lauerte. Gleichzeitig hörte ich die andere Stimme sagen, dass ich nichts zu befürchten hatte. Es war alles äußerst seltsam, wusste ich doch nicht einmal, weshalb ich die Straße überqueren sollte!

Wieder vernahm ich die Aufforderung, vorwärts zu gehen, und sie war so eindringlich, dass ich das Gebäude verließ, fest entschlossen, die Straße zu überqueren und meine mysteriöse Mission zu Ende zu bringen. Aber immer wenn ich die zweite Verkehrsspur erreichte, zog mich etwas zurück und jedes Mal war ich noch verwirrter über meine seltsame Handlungsweise. Inzwischen waren die Leute auf dem Gehweg stehen geblieben, um sich meine Darbietung anzusehen. Ich war der geistigen und physischen Erschöpfung nahe. Während des ganzen Geschehens fuhren keine Autos vorbei. Warum also hatte ich das unbestimmte Gefühl, mitten auf der Straße getötet zu werden? Stand ich kurz vor einem Nervenzusammenbruch? Meine Zwangslage wurde immer misslicher und es schien, als verlöre ich die Kontrolle über meine Handlungen.

Was ist, wenn die vorbeifahrenden Autos womöglich unsichtbar für mich geworden waren und ich letztlich doch noch überfahren wurde? Dass auf der 4. Straße mitten in Washington D.C. um zehn Uhr morgens kein Verkehr sein sollte, kam mir äußerst sonderbar vor. Gewöhnlich ist diese Straße sehr befahren, da das Smithsonian Museum nur knapp einen Block entfernt liegt und die Nationale Kunstgalerie sich zwei Blöcke weiter oben an der 4. Straße befindet. An diesem Morgen jedoch war weit und breit kein Verkehr zu sehen.

Schließlich entschloss ich mich, meine Ängste einfach zu ignorieren und tapfer auf die Straße zu gehen, um meine mysteriöse Mission zu Ende zu führen. Gerade als ich mich der dritten Verkehrsspur auf der Straßenmitte näherte, spürte ich einen Schmerz, der vom Kopf über das Rückgrat hinunter meinen Körper durchfuhr und mich bewegungsunfähig machte. Verzweifelt versuchte ich, meine Beine mit den Händen zu heben, um sie doch noch irgendwie vorwärts zu bringen. Doch der Schmerz war derart stark, dass ich mich buchstäblich nicht mehr von der Stelle rühren konnte. Da stand ich nun gelähmt, inmitten einer verkehrsreichen Straße und geriet in Panik. Ich schloss die Augen, um den Blicken der Passanten auf dem Bürgersteig zu entkommen. Sie mussten mich für völlig verrückt halten. Ich begann zu phantasieren, dass der Rettungswagen käme und die Sanitäter mich wie ein Möbelstück aufheben und in eine Nervenklinik bringen würden. "Wie nur hatte ich in kürzester Zeit so krank werden können und dazu auch noch gelähmt?", wunderte ich mich. Es schien als könnte ich nichts anderes mehr tun, als auf die Polizei zu warten, um mich von ihr von der Straße tragen zu lassen.

Obwohl der Himmel wolkenlos war, hörte ich plötzlich ein Donnern. Dann spürte ich einen Windstoß und hörte die Leute auf dem Bürgersteig hin und her rennen und durcheinander schreien. Noch immer weigerte ich mich, die Augen zu öffnen. Plötzlich bebte die Erde unter meinen Füßen und mit einem Schlag war alles vorbei. Ich fühlte mich wieder vollkommen frei. Die Schmerzen waren wie weggefegt; auch der innere Konflikt der beiden Stimmen war beendet und ich konnte mich wieder bewegen.

Als ich die Augen öffnete, sah ich mich von einem riesigen grünen Baum begraben. Nur wenige Zentimeter vor und neben mir lagen die dicken Äste eines umgestürzten Laubbaumes. Zur gleichen Zeit vernahm ich in meinem Kopf die Worte: "Frage bitte nie wieder nach einem greifbaren Beweis meiner Existenz." Ich wusste sogleich, dass der Meister diesen außergewöhnlichen Weg gewählt hatte, um mein Gebet von der Nacht zuvor zu beantworten. Es war das Geräusch des berstenden Stammes, der wie Donner in meinen Ohren geklungen hatte und es waren die auf das Straßenpflaster herunterstürzenden Äste, die sich an einem windstillen Tag wie Wind angehört hatten.

Zweifellos werden Sie die Redeweise kennen, dass man manchen Leuten eins mit dem Zollstock überziehen muss, bevor sie etwas begreifen. In diesem Fall verwendete der Meister einen Baum, um mir einen äußerst nachdrücklichen Beweis für seine Existenz zu liefern. Der Baum fiel über alle sechs Fahrspuren der Straße und blockierte für den Rest des Tages den gesamten Verkehr. Bedienstete der Stadt mussten mit Kettensägen anrücken und die Äste in Stücke zerlegen, damit sie abtransportiert werden konnten.

Am erstaunlichsten bei dem ganzen Vorgang fand ich, wie der Meister es geschafft hatte, mich so zu beeinflussen, dass ich die Straße überquerte, um mich dann zu der einzigen Stelle zu führen, wo der Baum mich nicht erschlagen würde. Hätte ich nur einen Schritt nach vorne oder hinten oder auch nur wenige Zentimeter nach links oder rechts gesetzt, wäre ich zweifellos von den schweren, dicken Ästen erdrückt worden. Es war ein Wunder, dass ich unversehrt davonkam. Ich hatte lediglich etwas Mühe, aus dem Gewirr von Zweigen herauszufinden, da sie über meinem Kopf lagen und mich von allen Seiten vollständig einschlossen.

Als ich wieder in mein Bürozimmer zurückkehrte, lief ich direkt in die Arme einer Kollegin. Von einem Bürofenster aus hatte sie den ganzen Hergang beobachtet. Sie habe gesehen, sagte sie, wie ich, kurz bevor der Baum fiel, mitten auf der Straße stehen blieb und wollte nun von mir wissen, wie ich überhaupt hatte ahnen können, wo ich stehen bleiben musste, damit der Baum mich nicht traf. "Ich hatte Glück gehabt", sagte ich zu ihr. Es war tatsächlich ein Wunder. Allein dieses Erlebnis wäre schon Lektion genug, zu zeigen, dass die Meister in der Lage sind, unser Verhalten zu beeinflussen und uns zu jedem gegebenen Zeitpunkt zu beschützen.

Wasser des Lebens

"Meine Rückkehr zu euch ist ein Zeichen,
dass die Menschen bereit sind, neues Leben zu empfangen.
Dieses neue Leben für die Menschen bringe ich im Überfluss.
Auf allen Ebenen wird dieses Leben sich ergießen,
die Herzen und Seelen und Körper der Menschen erreichen
und sie der eigentlichen Lebensquelle näher bringen.
Meine Aufgabe wird es sein, diese Wasser des Lebens
durch euch hindurch zu leiten."

—Maitreya

Schon jetzt empfängt die Menschheit die Segnungen von Maitreya als dem "Wassermann-Christus", ein Name, der ihm oft gegeben wird, denn er hat den Beginn des Wassermann-Zeitalters ausgewählt, um sich den Menschen zu offenbaren. Er hat versprochen, bis zum Ende dieses Zeitalters bei uns zu bleiben. Eines der offenkundigsten Geschenke, die er derzeit für die Menschheit bereithält, sind die bereits in verschiedenen Teilen der Welt entdeckten Heilwasserquellen. Das Sternbild Wassermann ist astronomisch als der "Wasserträger" bekannt und sowohl im Osten wie auch im Westen ist das Wasser oder ein Mann, der einen Wasserkrug trägt, seit Jahrtausenden das anerkannte Symbol für diese Konstellation. So ist es für mich kein Zufall, dass diese Wasserquellen, die den Menschen Heilung und spirituelle Stärkung schenken, gerade jetzt überall entdeckt werden.

Zum ersten Mal erfuhr ich von diesem einzigartigen Phänomen durch meine Eltern. Zu jener Zeit, als sie in Südtexas lebten, erzählten ihnen Nachbarn, dass deren Mutter von Krebs geheilt wurde, nachdem sie "geweihtes" Wasser aus einem kleinen Dorf in Mexiko getrunken hatte.

Tlacote, Mexiko — 1991

Jesus Chahin ist ein wohlhabender Viehzüchter in der kleinen Stadt Tlacote, die in etwa zwei Stunden Fahrt von Mexiko-Stadt aus erreichbar ist. Im Frühjahr 1991 entdeckte Herr Chahin, dass sein Hund außerordentlich schnell von einer Verletzung genas, nachdem er von einer Wasserquelle getrunken hatte, die aus dem Boden seines Grundstücks zu Tage getreten war. Daraufhin testete Herr Chahin das Wasser an Tausenden seiner Tiere und auch an Farmarbeitern, die darum baten. Überrascht über die guten Ergebnisse, machte Chahin sein Anwesen für die Öffentlichkeit zugänglich.

Mehrere Millionen Menschen haben die Ranch seither aufgesucht. Darunter befinden sich auch bekannte Persönlichkeiten aus Mexiko und dem Ausland; sogar aus dem weit entfernten Russland kommen sie, das Wasser zu holen. Zu Heilzwecken eingesetzt, hat das "Wunderwasser" seinen Weg zu Millionen Menschen gefunden. In den ersten Jahren nach der Entdeckung der Quelle war es eine ziemliche Tortur, das Wasser zu bekommen. Oft standen die Menschen in kilometerlangen Reihen ungeschützt in der heißen Sonne Mexikos. Heute läuft es alles weitaus rationeller ab, sodass lange Wartezeiten vermieden werden. Zügig wird das in großen rostfreien Stahlbehältern gesammelte und aufbewahrte Wasser von den Mitarbeitern ausgeteilt.

Für jeden Besucher erstellt die Familie Chahin eine Kartei. Die medizinischen Berichte werden von Frau Chahin, der Ärztin vor Ort, überprüft; sie schlägt auch die zur Einnahme angemessene "Dosis" vor. Man kann das Wasser trinken, in Form von Augentropfen verwenden oder direkt auf die Haut auftragen. Diese Dienstleistungen, wie auch das Wasser, sind kostenlos. Im Büro der Chahins stehen reihenweise Regale mit Patientenkarteien. Viele berichten über wundersame Heilungen von Krankheiten wie Krebs, AIDS, Diabetes, Epilepsie oder Arthritis.

In einer vierteiligen Fernsehreihe über Tlacote erzählte Hilda Menchaca, eine Frau aus San Antonio, in der CBS-Sendung "Up-to-the-Minute" vom 5. August 1993, sie leide an einer rheumatischen Arthritis und habe sich bei ihrem ersten Besuch in Tlacote nur mit Hilfe eines Gehwagens fortbewegen können. Bei ihrem zweiten Besuch brauchte sie nur noch einen Stützstock und nach ihrem dritten Besuch, konnte Menchaca ohne jede Hilfe gehen. Eine andere Frau aus derselben Gegend berichtete über eine Besserung ihres Glaukoms und ihres niedrigen Blutdrucks, während bei einer dritten Person die bevorstehende Organtransplantation nach Anwendung des Tlacote Wassers nicht mehr nötig war.

"Up-to-the-Minute"-Reporterin, Patti Elizondo von KENS-TV in San Antonio, vergaß nicht, ihren eigenen Fall zu schildern: nämlich, dass die durch ein Virus hervorgerufene Bindehautentzündung innerhalb einer Woche geheilt war, obwohl ein Augenarzt eine Genesungszeit von drei Wochen vorausgesagt hatte. Der Arzt konnte sich die schnelle Heilung nicht erklären und sprach von einem "Wunder".

Am 19. Oktober 1992 berichtete die *Dallas Morning News* von einer Frau, deren Bruder Diabetiker war und die Enkelin Epileptikerin; beiden ging es erheblich besser, nachdem sie das Tlacote-Wasser getrunken hatten. Der Artikel erwähnte eine weitere Frau, die seit 30 Jahren gegen eine schwere Arthritis kämpfte. Jetzt kann sie sich mit Hilfe eines Gehwagens fortbewegen. Ihr Arzt "konnte es nicht glauben", sagte sie.

Herr Chahin erzählt die Geschichte eines Besuchers, der das Wasser trank und auf der Stelle vollständig geheilt war. Der Mann machte von der Ranch und dem Ort der Quelle zahlreiche Fotos. Bei seiner Heimkehr war noch ein Bild auf dem Film übrig. Da er den Film bald entwickeln lassen wollte, machte er die letzte Aufnahme von seinem neuen Fernsehapparat, der zu diesem Zeitpunkt nicht eingeschaltet war. Nach der Entwicklung des Films zeigte sich ein weiteres Wunder: Deutlich zeichnete sich auf dem Foto das Antlitz Jesu mit der Dornenkrone auf seinem Haupt ab. Es sah aus, als würde er im Fernsehen erscheinen. Ein Abzug des Fotos, das ich persönlich als eine Art "Visitenkarte" von Maitreya ansehe, hängt nun an der Wand im Büro von Jesus Chahin.

Nadana, Indien — 1992

Tlacote ist nicht die einzige Heilwasserquelle. Auch in Indien in der Nähe von Neu-Delhi wurde 1992 eine solche Wasserquelle entdeckt. Japanische Medien berichteten, dass ein Brunnen, der lange trocken gelegen hatte, sich plötzlich mit wundertätigem Heilwasser füllte. Bis zu 20.000 Menschen holen täglich Wasser von dieser Heilquelle.

Nordenau, Deutschland — 1992

Im Januar desselben Jahres, wurde eine Wasserquelle in einem stillgelegten Schieferstollen im deutschen Nordenau, 100 Kilometer östlich von Düsseldorf, entdeckt. Inhaber des Grundstücks ist Theo Tommes, dessen Hotel nahe beim Schieferbruch steht. Experten, die die Grotte untersuchten, stellten eine hohe energetische Aufladung fest. Täglich kommen Hunderte von Menschen zu der Grotte; mit Bussen werden alte, kranke und gehbehinderte Menschen in das "deutsche Lourdes" gebracht. Die deutsche *Bild*-Zeitung berichtete über eine Studie von einem praktischen Arzt aus Frankfurt, Dr. Hans Steinbruck, der über einen Zeitraum von vier Monaten 42 Besucher der Nordenau-Heilquelle beobachtete und untersuchte. Viele von ihnen litten an chronischen Krankheiten wie Rheumatismus, Muskelatrophie, Migräneanfällen, Allergien und psychischen Problemen. Die Studie wurde nach strengen medizinischen Richtlinien im klinischen Versuch durchgeführt. Dr. Steinbruck fand heraus, das 30 Prozent der Patienten nach dem Besuch der Quelle vollständig geheilt waren und 28 Prozent bemerkenswerte Anzeichen einer Besserung aufwiesen.

China — 1994

Die *Süddeutsche Zeitung*, Deutschland, berichtete 1994 von dem chinesischen Ehepaar, Zhou Lianghua und seiner Frau Li Guirong, die nach eigenen Angaben einen Jungbrunnen gefunden hatten. Beide sind über 80 Jahre alt, erklärten jedoch, sie fühlten sich 10 Jahre jünger, seit sie das Wasser von ihrem Brunnen im Hof trinken. Li sagte, sein ehemals graues Haar hätte seine schwarze Farbe wiedergewonnen und Zhou, die fast keine Haare mehr hatte, besäße nun eine dichte, volle Haarpracht. Sie könnten nun auch wieder in den Bergen wandern, ohne in Atemnot zu geraten, berichteten sie.

Russland — 1996

Der Nachrichtenagentur *Itar-TASS* zufolge wurde Anfang 1996 in einem Dorf im Norden Russlands eine Wasserquelle entdeckt, von der es heißt, sie heile die Trunksucht. "Verzweifelte Frauen schleppen ihre Ehemänner, wenn sie auf Sauftour sind – direkt zu der mysteriösen Quelle", so die *TASS*. "Es geht das Gerücht um, dass einige es sogar geschafft haben, sich in vollständige Abstinenzler zu verwandeln." Die Wasserquelle trat aus einem bisher ungenutzten Brunnen hervor, der nicht ordentlich verschlossen war.

Weitere Heilquellen werden entdeckt

Laut Benjamin Creme werden diese Wasserquellen durch Maitreya, den Weltlehrer, mit Heilenergie "aufgeladen" und zwar immer bevor er in der jeweiligen Gegend vor einer Gruppe von Menschen erscheint. Er möchte, dass die Leute einen Zusammenhang erkennen zwischen den durch das Wasser auftretenden Heilungen und seinem Erscheinen. Am Ende wird Maitreya 777 solcher Heilwasserquellen geschaffen haben; die Anwendung dieses "Wunderwassers" wird die menschliche Gesundheit weltweit bedeutend verbessern.

Maitreya, der Wasserträger

Ein persönliches "Wassererlebnis" hatte ich während eines Vortrags von Benjamin Creme in New York. Als ich an jenem Nachmittag den Festsaal des Hotels Pennsylvania betrat, traf mein Blick die Augen einer außergewöhnlichen Frau, die in einiger Entfernung in dem großen Raum stand. Ihr Kopf war mit lauter "Rollen" aus goldenem Haar bedeckt. Während ich durch den Raum schlenderte, hielt sie ihren Blick stets auf mich gerichtet. Welch tiefe Weisheit strömte aus ihren Augen! Ich war erstaunt, dass jemand derart magnetisch sein konnte, und ging so langsam wie möglich weiter, um möglichst jeden Moment ihres Blickes auszukosten.

Verdutzt stellte ich fest, dass keiner der Leute, die an ihr vorbeigingen oder in ihrer Nähe standen, Notiz von ihr nahm. Sie trug eine große Umhängetasche aus Stoff mit breitem Schulterriemen. Aufmachung und Farbe erinnerten mich an die Handarbeiten, die ich oft in Zentralamerika oder Mexiko gesehen hatte. Der Rucksack war prall gefüllt mit kleinen Wasserflaschen.

Wie seltsam, dachte ich. Als ich dann direkt vor ihr stand, schaute ich in die Tasche mit den Wasserflaschen. Herr Creme hatte seinen Vortrag schon begonnen, und da ich die anderen im Raum nicht stören wollte, konnten wir nur wenige Worte miteinander wechseln. Ich nahm mir vor, das Gespräch mit der Frau später fortzusetzen und sie nach dem Wasser zu fragen, aber sie war nirgends mehr zu sehen. Bis auf eine oder zwei Personen ist diese außergewöhnliche Frau niemandem aufgefallen. Ein Mann sagte, er habe eine Frau mit Wasserflaschen an der gleichen Stelle gesehen, aber seine Beschreibung ihrer Erscheinung und Kleidung unterschied sich nahezu völlig von dem, was ich gesehen hatte.

Erst im Nachhinein fiel mir auf, dass normalerweise niemand mühelos so viele Wasserflaschen hätte tragen können. Auch vermutete ich, dass die Wasserflaschen von der Heilquelle aus Tlacote in Mexiko stammten. Maitreya ist mir also erneut begegnet und diesmal in Gestalt einer Frau, die Wasserflaschen in einer riesigen, möglicherweise in Mexiko angefertigten Stofftasche trug. Es war, als würde er rufen: "Hier bin ich und biete der Welt als Geschenk mein Heilwasser an. Erkennt ihr mich denn nicht?"

Der Lehrer für das Zeitalter

Vor 2000 Jahren führte uns Christus mit seinen Jüngern eine zutiefst symbolische Episode vor, die bereits auf seine zukünftige Aufgabe im Wassermann-Zeitalter hindeutete. Vor dem letzten Abendmahl gab er seinen Jüngern die Anweisung, in die Stadt zu gehen, wo sie einen Mann treffen würden, der einen Wasserkrug trage. Sie sollten ihm in einen höher gelegenen Raum folgen, um dort das Abendmahl vorzubereiten. Die gemeinsame Einnahme von Brot und Wein symbolisierte das Prinzip des Teilens, den Leitgedanken des kommenden Zeitalters, und die weltweite Einführung rechter menschlicher Beziehungen. Mit dem Eintritt in das Wassermann-Zeitalter wird unser Handeln immer mehr von der Energie der Synthese gelenkt und geprägt. Die gegenwärtigen Wirren und Umwälzungen sind teilweise dem "Kampf" zwischen den alten trennenden, individualistischen Energien, die sich allmählich zurückziehen, und den neuen zusammenführenden Energien, deren Einfluss jetzt zu spüren ist, zuzuschreiben. Die heutige Situation extremer Polarisierung in der Welt ist weitgehend durch das Zerbröckeln der alten Ordnung bedingt. Wenn jedoch Maitreya und die Meister offen unter uns leben und arbeiten, können die Auswirkungen dieser kosmischen Umstellung gemildert werden — falls wir das möchten.

In seinem Buch *Maitreyas Mission*, Band I, enthüllt Benjamin Creme bereits einiges von dem, was wir in nicht allzu ferner Zukunft erwarten dürfen:

> "Heute kommt der Christus wieder, um der Welt zu dienen, um als Abgesandter Gottes, als Avatar und Weltlehrer für dieses Zeitalter zu wirken. Er sagt: ‚Ich bin der Wasserträger.' Er bringt das Wasser des Lebens, die neue Lebendigkeit, die er auf allen Ebenen einströmen lässt. Auf allen Ebenen – den physischen, emotionalen, mentalen und spirituellen – verleiht er unserem Leben neue Kraft. Wir gelangen in eine völlig neue Art von Lebendigkeit, derer sich bislang wohl nur sehr fortgeschrittene Eingeweihte bewusst sind. Für die große Mehrheit der Menschen wird dies nun zur Realität. Die Menschheit als Ganzes wird diesen gewaltigen Schritt nach vorn tun und zum Weltjünger werden."

Sai Babas erneuter Besuch

"Ich kam, um das Licht der Liebe in euren Herzen zu entzünden,
auf dass es von Tag zu Tag in hellerem Glanz leuchte.
Ich bin nicht im Namen einer einzelnen Religion gekommen.
Ich kam nicht mit einer öffentlichen Mission
für irgendeine Sekte, einen Glauben oder Zweck;
ich komme nicht, um Anhänger für irgendeine Doktrin zu werben.
Ich plane nicht, Schüler oder Anhänger anzuziehen
für meine oder irgendeine andere Gemeinschaft.
Ich komme, um euch von der Einheit des Glaubens zu erzählen,
dem spirituellen Prinzip des Pfades der Liebe,
der Tugend der Liebe, der Verpflichtung zur Liebe."

—Sathya Sai Baba

Im Oktober 1995 lud ich meinen Jugendfreund John auf einige Tage zu mir ein. Ich hatte das Gefühl, dass er etwas Erholung bräuchte, denn er kümmerte sich fürsorglich um seine sterbende Mutter in Los Angeles. Ich hatte ihm vorgeschlagen, während seines Besuches *Maitreyas Mission*, Band II, von Benjamin Creme zu lesen. Das tat er, und einen Tag vor seiner Abreise hatte er die 718 Seiten durchgelesen. Am letzten Abend, den wir zusammen verbrachten, entschied ich mich, ihm von Sai Baba, dem "Mann der Wunder" aus Indien zu erzählen, da er sich gegenüber den Ideen aus Cremes Buch aufgeschlossen zeigte.

Nachdem ich im Jahre 1982 Sai Babas Segen persönlich erfahren hatte, habe ich etliche Bücher über ihn erworben und mit großer Freude von den beeindruckenden Erfahrungen gelesen, die so viele Menschen in seiner Gegenwart machen. Jedes Jahr besucht eine bemerkenswert große Anzahl Menschen aus den unterschiedlichsten Ländern und Religionen Sai Baba in Indien und kommt mit der Überzeugung zurück, einer Verkörperung Gottes begegnet zu sein. Aufgrund meiner eigenen Erfahrungen glaube ich selbst, dass Sai Baba ein göttliches Wesen ist und sich nach Maitreyas "Tag der Erklärung" der Menschheit noch deutlicher zu erkennen geben wird. Deshalb war es mir ein

Anliegen, diese hoffnungsvolle Information mit einem Freund in Not zu teilen.

Blumen im Haus

Als ich von Sai Baba zu erzählen anfing, füllte sich der Raum mit intensivem Blumenduft. John wollte sofort wissen, woher der Duft komme. Er stand auf und eilte durchs Wohnzimmer, dann durch die Küche und das Badezimmer, um den Duft ausfindig zu machen. Auch ich war überrascht von dem mysteriösen und intensiven Parfüm. Einige Minuten lang suchten wir vergeblich, bis es schließlich wieder ganz unvermittelt verschwand. Sobald ich jedoch erneut von Sai Baba zu sprechen begann, konnten wir den Duft noch stärker als zuvor wahrnehmen. Wir flüchteten in einen anderen Raum, um dem durchdringenden Parfüm zu entkommen, aber auch das half nicht.

Blumen draußen

Obwohl es wunderbar süß duftete, brachte uns die mit Parfüm angereicherte Luft bald zum Husten und wir mussten uns nach draußen auf den Balkon begeben. Am Ende machte John die Klimaanlage im Haus dafür verantwortlich; unsere Verwunderung jedoch blieb. Nach einer kurzen Diskussion über das Mysterium, setzten wir uns draußen hin und ich nahm das Thema Sai Baba wieder auf.

Der süße Duft machte sich erneut bemerkbar, sobald ich Babas Namen auch nur aussprach, und diesmal wollte John wissen: "Ist das Jasmin?" Diese Frage ließ mich an eine Geschichte denken, die ich über Sai Baba gehört hatte, in der er den Jasminduft als "Visitenkarte" hinterließ, ähnlich wie der Duft von Rosen mit dem Erscheinen der Mutter Gottes in Zusammenhang gebracht wird. Ich sagte daher zu John, ich nähme an, dass das Parfüm von Sai Baba käme.

Blumen wohin ich gehe

John ging auf mich zu und fing an in meine Richtung zu schnuppern. Er kam immer dichter heran und schließlich behauptete er, der Jasminduft käme von mir, besonders aus meiner Herzgegend. Da es direkt vor meiner Nase duftete, konnte ich nicht feststellen, wo es stärker roch. Der Wohlgeruch der Blumen begleitete mich überallhin, doch als ich aufhörte, von Sai Baba zu sprechen, war auch der süße Duft weg.

Ich erklärte John, das sei wohl Sai Baba, der uns auf diese Weise wissen lasse, dass er unsere Konversation über ihn wahrnehme. Mir erschien es logisch, doch mein Freund war erschüttert. Seine Hände zitterten und er sagte, er wolle sich hinlegen und sich ausruhen. Er war sichtlich beunruhigt. Also schlug ich vor, den Abend zu beenden, zumal er schon am frühen Morgen nach Kalifornien zurückfliegen wollte.

Nachts hörte ich John unruhig durchs Haus gehen. Erst als ich am anderen Morgen erwachte, bemerkte ich, dass er mich bereits verlassen hatte. Er war nach der Erfahrung mit Sai Baba zu verstört, um noch länger in meinem Haus zu bleiben und hatte sich mit einem Taxi zum Flughafen begeben, wo er auch die Nacht verbrachte.

Unmittelbar nach seiner Ankunft in Los Angeles suchte John in einem Buchladen nach Literatur über Sai Baba. Schließlich fand er ein Buch, aber als er es bezahlen wollte, sagte die Kassiererin, das Buch sei nicht aus ihrem Geschäft und daher könne sie auch kein Geld dafür verlangen.

John nahm das erworbene Gratisexemplar mit zum Krankenhaus und las seiner todkranken Mutter jeden Tag ein Kapitel daraus vor, in der Hoffnung, sie ein wenig trösten zu können. Sie war Atheistin und hatte große Angst vor dem Sterben, da sie glaubte, nach dem Tod gäbe es lediglich eine totale Leere. In ihrem ganzen Leben hatte nichts sie von der Existenz Gottes oder einem Leben nach dem Tod uberzeugen können.

Nun da ihr Sohn die Geschichten über den Avatar aus Indien vorlas, schien ein vollkommener Frieden bei ihr einzukehren. Nachdem John das letzte Kapitel beendet hatte, erklärte sie sogar, dass sie jetzt glücklich sterben könne, da sie einen neuen Glauben an ein Leben nach dem Tod gewonnen habe.

Als John an jenem Abend nach Hause kam, klingelte das Telefon. Ein Mitarbeiter des Krankenhauses teilte ihm mit, seine Mutter sei wenige Minuten nach dem er sie verlassen hatte, gestorben. John eilte zurück ins Krankenhaus. Bei seiner Ankunft erzählten ihm drei der diensthabenden Krankenschwestern, die seine Mutter gut gekannt hatten, es sei etwas höchst Ungewöhnliches geschehen.

In dem Augenblick ihres Todes, als die drei Schwestern in Ehrfurcht bei der Sterbenden standen, entwich ihrem Körper eine weiße schemenhafte Rose. Sie kreiste im Raum, glitt dann aus dem Fenster und verschwand. Niemals zuvor hatten sie so etwas erlebt, sagten die Krankenschwestern. Ich glaube fest daran, dass Sai Baba im Moment ihres Todes bei Johns Mutter war und dass er auch dieses Schattenbild erzeugte, um jedem zu beweisen, dass mit dem Tod nicht alles aufhört.

Ich glaube auch, dass die Aufmerksamkeit, die John und ich an jenem letzten Abend bei mir zu Hause von Sai Baba erhielten, ihm helfen sollte, mit dem bevorstehenden Tod seiner Mutter zurecht zu kommen.

Sai Babas Mission

Viele halten Sai Baba für einen Avatar, einen jener Stellvertreter Gottes, die von Zeit zu Zeit auf die Erde kommen, um der Menschheit Hilfe und Erleuchtung zu bringen. Benjamin Creme beschreibt ihn als "Spirituellen Regenten" und versichert, dass Sai Baba und Maitreya eng für eine positive Wandlung der menschlichen Gesellschaft und des Planeten zusammenarbeiten.

Sai Baba ist am 23. November 1926 in Puttaparti, einem kleinen abgelegenen Dorf im indischen Bundesstaat Andhra Pradesh geboren und hat Indien nur einmal in seinem Leben verlassen. Sein Haus in Puttaparti verwandelte er zu einem Ashram für viele Zehntausende aus der ganzen Welt, die ihn jedes Jahr besuchen.

Sai Baba wird oft als "Mann der Wunder" bezeichnet. Er materialisiert Gegenstände aus der Luft und ist bekannt für die Erzeugung von Vibhuti, einer ascheartigen Substanz, die seine Anhänger als Segnung einnehmen, ähnlich wie die Christen beim Abendmahl den Körper und das Blut Christi symbolisch in Form von Oblaten und Wein zu sich nehmen. Für eine Gruppe von Harvard-Wissenschaftlern erzeugte Sai

Baba einmal im heißen Wüstenklima einen Regenbogen, um ihnen seine Kontrolle über die Naturkräfte zu demonstrieren. Man sagt ihm auch nach, einen toten Mann wieder zum Leben erweckt zu haben.

Obwohl ich Sai Baba niemals in Indien besucht habe, konnte ich seine Gegenwart bei zahlreichen Gelegenheiten erfahren. Mehrmalige spirituelle Kontakte mit der Energie und Kraft Sai Babas haben mich von seinen übernatürlichen Fähigkeiten überzeugt und mir den Beweis geliefert, dass er tatsächlich ein göttlicher Gesandter ist.

Hinweise aus der ganzen Welt

"Wohin auch immer ihr heute in der Welt blickt,
findet ihr Veränderungen.
Von oben bis unten klafft ein Riss im Gefüge
der alten und zerfallenden Ordnung.
Darüber können wir sehr zufrieden sein, denn trotz
des Schmerzes, den dieser Vorgang verursacht,
entsteht eine neue und bessere Welt.
Lasst euch trösten, meine Freunde
und blickt voll Hoffnung in die Zukunft."

—Maitreya

Viele Menschen sind heute vor allem durch die Wunder, die weltweit geschehen, von Maitreyas Gegenwart überzeugt. Andere, darunter auch Führungspersönlichkeiten auf der ganzen Welt, haben persönliche Erfahrungen gemacht, die an seiner Anwesenheit keinen Zweifel lassen. Einigen von ihnen bin ich in den vergangenen Jahren begegnet.

Anders als in meinem Fall sind den meisten von ihnen weder die historischen Schriften über das Kommen eines Weltlehrers bekannt noch die Vorträge von Benjamin Creme. Ihre Erfahrungen beruhen in erster Linie auf direkten Kontakten mit Maitreya oder den Meistern der Weisheit. Einige von ihnen vermeiden es bewusst, sich in irgendeiner Weise offen darüber zu äußern, dass sie an Maitreyas Hervortreten beteiligt sind — könnte diese Enthüllung doch ihre Nützlichkeit in Bezug auf die Vorbereitungen für die neue Zeit einschränken. Andere, die durchaus darüber sprechen könnten und vielleicht auch sollten, schweigen, weil sie die Missbilligung der Öffentlichkeit fürchten.

Ich lernte diese Leute kennen, als ich in Washington D.C. Beamter einer unabhängigen Behörde des Weißen Hauses war. Diese Position verlieh mir nicht nur ein gewisses Maß an Glaubwürdigkeit, sondern eröffnete mir auch Zugang zu Personen in gehobenen Positionen in der Geschäftswelt und in der Regierung. Durch den Besuch diplomatischer Empfänge und privater Partys bei den "Drahtziehern" der politischen Szene Washingtons und durch Kontakte in Übersee, stieß ich bald auf weitere Personen, die entweder bereits von der Wiederkehr Maitreyas wussten oder daran interessiert waren. Ich war somit nicht länger allein mit meiner Überzeugung, dass diese außergewöhnlichen Lehrer mit der Menschheit in Kontakt treten, und zwar nicht einfach willkürlich, sondern mit einer bestimmten Absicht. Viele dieser informierten Menschen bekleiden Führungspositionen und können in diversen Einsatzbereichen für die notwendigen Veränderungen sorgen, um uns in eine neue Ära globaler Zusammenarbeit zu führen. Es ist fraglich, ob die Pläne der Meister ohne die Hilfe dieser einflussreichen Köpfe vorankämen — oder zumindest, ob sie mit der erforderlichen Geschwindigkeit umgesetzt werden könnten, derer unsere chaotische Welt heute bedarf.

Die meisten meiner Kontaktpersonen verrieten mir, die Meister selbst bestünden darauf, dass sie sich in der Öffentlichkeit zurückhielten. Ich kann daraus nur schließen, dass Maitreya nicht will, dass einflussreiche Personen oder solche mit Autorität seine Fürsprecher werden oder versuchen, die Menschenmassen von seiner Gegenwart zu überzeugen. Vielmehr möchte er, dass jeder selbst ihn direkt erfährt und seine eigenen Schlüsse zieht.

Das Anliegen Maitreyas und seine Prioritäten werden uns allen klar und verständlich, wenn er im internationalen Fernsehen spricht. Im Dialog mit verschiedenen Einzelpersonen hat er immer wieder betont, dass keine religiöse oder andere Art von Gruppe versuchen sollte, ihn für sich zu beanspruchen. Er arbeitet mit und durch alle Männer und Frauen guten Willens, die sich nach einer Welt sehnen, in der Teilen, Bruderschaft, Gerechtigkeit und Frieden an erster Stelle stehen.

Die folgenden Berichte über Persönlichkeiten des öffentlichen Lebens beweisen nicht an sich schon die Existenz Maitreyas und der Meister. Sie sind jedoch Teil einer langen, in den letzten 18 Jahren von mir zusammengetragenen Kette von Hinweisen auf eine großartige spirituelle Kraft, die uns sanft auf den Weg in eine gefahrlosere und gesündere Welt führt. Meine Überzeugung, dass es sich dabei um das Werk der Geistigen Hierarchie handelt, beruht gänzlich auf meiner eigenen Erfahrung. Ich erwarte daher nicht, dass Sie die gleichen Schlüsse ziehen oder meinen Worten blindlings Glauben schenken. Ich lade Sie lediglich ein, diese Möglichkeit in Betracht zu ziehen.

Treffen der Staatschefs

Ein in der asiatischen Gemeinde Londons seit langem ansässiger enger Mitarbeiter Maitreyas begann im April 1988 mit einer Reihe von Unterweisungen, in denen er Auszüge von Maitreyas Lehren und Voraussagen von Weltereignissen vorstellte. Die an zwei Journalisten in London gegebenen Informationen wurden der Weltpresse zur Verfügung gestellt und gleich nach Empfang ebenfalls in der Zeitschrift *Share International*[1] veröffentlicht.

Im selben Jahr informierte er die Journalisten, dass Maitreya jetzt mit einer großen Anzahl einflussreicher Personen regelmäßig Kontakt aufnehmen würde. Dann, Anfang 1990, kündigte er an, dass in der Nähe von London eine Konferenz geplant sei, mit dem Ziel, Diplomaten, Journalisten, Mitglieder von Königshäusern, politische Führer, Vertreter der Weltreligionen, Wissenschaftler, Erzieher und andere Persönlichkeiten über die kommenden globalen Veränderungen zu informieren und ihnen zu erläutern, welch wichtige Rolle jeder von ihnen diesbezüglich in seinem Einflussbereich spielen kann. Nach Angaben der Zeitschrift *Share International* vom April 1990 (veröffentlicht Ende März) sollte dieses bedeutende Treffen während der letzten Aprilwoche stattfinden.

Ich hatte meine Zweifel, ob ein derart hochkarätiges, nur auf Einladung basierendes Treffen, überhaupt stattfinden kann, ohne dass ein Wort darüber an die Presse durchsickerte. Mir schien es jedenfalls eine ideale Gelegenheit, um weitere Nachforschungen zu betreiben.

Ich begann die internationalen Nachrichten nach irgendeinem Hinweis auf eine globale Klausurtagung zu überprüfen. Viel zu entdecken, erwartete ich allerdings nicht, denn die Zeitpläne von Staatsoberhäuptern sind in Dokumenten festgehalten, die der Öffentlichkeit nicht zugänglich sind. Damit versucht man, zu ihrer persönlichen Sicherheit die Risiken zu minimieren. Umso mehr überraschte es mich, zu lesen, dass sich König Hussein von Jordanien und Palästinenserführer Jassir Arafat, ausgerechnet einen Tag vor dem angesagten Treffen zwecks "persönlicher Geschäfte", so hieß es, in London aufhielten. Husseins Ehefrau, Königin Nur, war an dem Wochenende in New York, und als die Presse sie über den Aufenthalt ihres Mannes in London ansprach, erklärte sie entschieden, es sei nichts Offizielles und bezöge sich auch in keiner Weise auf die Verhandlungen mit den Palästinensern.

Der Ajatollah verkündet Waffenruhe

Als im Jahre 1980 der Krieg zwischen dem Iran und dem Irak ausbrach, war der schiitische Religionsführer Ajatollah Ruholla Khomeini das Staatsoberhaupt Irans. Es war eine äußerst blutige Schlacht, die bis zum Waffenstillstand im August 1988 andauerte.

Was ich interessant fand, war, dass Maitreyas Mitarbeiter zwei Londoner Journalisten gegenüber gesagt hatte, Maitreya würde mit verschiedenen Weltführern Kontakt aufnehmen. In der islamischen Welt, so war mir bekannt, wird Maitreya oft als der Imam Mahdi bezeichnet, der große spirituelle Führer, von dem der Prophet Mohammed einst sagte, er würde in der Zukunft kommen, um die Welt zu verändern.

Kurze Zeit später, nur wenige Monate vor Khomeinis Tod im Juni 1989, berichteten eine Reihe von amerikanischen Zeitungen, dass der Ajatollah in einer Radioansprache an das iranische Volk einen Waffenstillstand im Krieg mit dem Irak angekündigt habe. Khomeini selbst, hieß es weiter, hätte den Krieg nicht beenden wollen, doch habe er von Gott die Anordnung erhalten. Es sei keine leichte Entscheidung gewesen, aber er könne nicht gegen das Wort Gottes angehen. Zufall?

Präsident Bushs freier Wille

Wie schon erwähnt, begann ich, nachdem ich Benjamin Cremes Buch *Maitreya – Christus und die Meister der Weisheit* gelesen hatte, an einer wöchentlichen Meditation teilzunehmen. Veranstaltet wurde die Meditation von Leuten, die ebenso wie ich an Maitreyas Hervortreten interessiert waren. Die nächstliegende Gruppe in meiner Gegend war in Georgetown, einem angesehenen Vorort des Bezirks, im Hause eines

Beraters von Präsident George Bush. Der Mann selbst war nicht Mitglied der Gruppe, aber er gestattete seiner Haushälterin, die Treffen dort abzuhalten.

Eines Abends, als Präsident Bush bei seinem Berater zum Dinner war, fragte er die Gastgeberin unserer Gruppe scherzhaft, ob sie glaube, dass er die anstehende Präsidentenwahl wieder gewinnen könne. "Nein, Herr Präsident", gab sie ihm zur Antwort, "der Herr Maitreya hat bereits angekündigt, dass Sie keine zweite Amtszeit haben werden."

Als sie mir diese Geschichte später erzählte, fragte ich mich, ob der Präsident sich über diesen Rat amüsierte oder ob er ihn vielleicht schon von jemand anderem gehört hatte. Allerdings, glaube ich, hatte er verstanden, dass Maitreya ein spiritueller Führer ist. Ich fand es jedoch seltsam, dass der Präsident gegen diesen freimütigen Ausspruch weder Protest einlegte noch ihn in Frage stellte.

Laut den Informationen von Benjamin Creme, die er von seinem Meister erhielt, hat "... ein Diplomat aus [Herrn Bushs] politischem Stab, der die von Maitreya abgehaltene Konferenz am 21./22. April [1990] in London besucht hatte, Präsident Bush vorgeschlagen, einen Abgesandten nach London zu senden ... Bald darauf folgte ein zweiter Abgesandter, der den Wunsch der Amerikaner – eine friedliche Lösung in der Golfkrise zu finden – erneut bekräftigte und Maitreya um Rat bat ... Maitreya erklärte daraufhin, er garantiere, dass Saddam Hussein alle seine Truppen, ohne einen weiteren Schuss abzugeben, aus Kuwait zurückziehen werde, sobald Herr Bush ein Hilfsprogramm für die irakische Wirtschaft auf die Beine stellte." [2]

Die Verbindung zwischen Präsident Bush und Maitreya wurde durch einen Zeitungsartikel vom August 1990 bestätigt. Dem Bericht zufolge, hatte der Präsident gerade eine Lagebesprechung für die Presse im Weißen Haus beendet, bei der es um den zu erwartenden Konflikt im Nahen Osten ging. Unmittelbar nach der Besprechung eilten einige Journalisten auf die Ostseite des Grundstücks vom Weißen Haus, wo der Präsident durch den Rosengarten spazierte. Als er in Richtung des Washington-Denkmals schaute, umgab plötzlich ein Nebelschleier den unteren Teil des Monuments. Die Journalisten beobachteten, wie der Nebel in Form eines Donut [Schmalzkringel; amerikanisches Gebäck — Anm. des Hrsg.] hochstieg, bis er die Spitze erreichte. Dort angekommen, formte er ein perfektes Kreuz und löste sich dann auf.

Der Journalist, der die Geschichte berichtete, war davon überzeugt, dass Präsident Bush den Vorgang zusammen mit anderen Personen, die sich in der Nähe des Monuments aufhielten, beobachtet hatte. Er spekulierte, es könnte ein spirituelles Zeichen gewesen sein oder ein Omen, da es direkt nach der Lagebesprechung über den bevorstehenden Golfkrieg aufgetaucht war; andere Deutungsvorschläge hatte er nicht. Ich jedoch war überzeugt, dass es Maitreyas letzter Versuch war, Präsident Bush zu beeinflussen, sich gegen eine Militäraktion im Golf zu stellen.

Direkt und durch ein Symbol wurde der Präsident von den Meistern beraten und dann seinen eigenen Entscheidungen überlassen — zum Guten oder zum Schlechten. Wenngleich der Krieg nur kurze Zeit andauerte, war der Preis astronomisch, wenn man den Verlust unschuldiger Leben und die Zerstörung der Landschaft bedenkt. Am Ende ist eigentlich nichts erreicht worden, das man, wie ich glaube, nicht auch mit anderen Mitteln hätte erreichen können, und der Gegner machte sich unversehrt davon. Präsident Bush, der sich einer großen Beliebtheit während und gleich nach dem Krieg erfreute, scheiterte bei der Wiederwahl. Schon vor der Wahl hatte Maitreya vorausgesagt, dass der demokratische Kandidat [3] die Wahl gewinnen wird, und er behielt Recht.

Ursache und Wirkung

Wissenschaftler haben nachgewiesen, dass auf jede Handlung eine gleichartige beziehungsweise eine entgegengesetzte Reaktion folgt. Wer die Lehren der Zeitlosen Weisheit studiert, kennt dieses Prinzip der Natur als die Lehre von Ursache und Wirkung. Obwohl wir Menschen ein gewisses Maß an freiem Willen haben, setzen unsere Taten Ursachen in Bewegung, die irgendwann einmal eine entsprechende Wirkung herbeiführen. Eine weise Wahl und wohltätiges Handeln werden positive Resultate nach sich ziehen, während eine schlechte Wahl und destruktive Taten unausweichlich negative Folgen haben werden. Es ist ein völlig unparteiisches System und eines der Grundgesetze des Universums, das für uns Menschen immer noch zum Lernprogramm gehört.

Giorgio Bongiovanni spricht in der Öffentlichkeit

Jemand, der nicht zögert, seine Geschichte zu erzählen, ist der Italiener Giorgio Bongiovanni. Seit April 1989 hat er Visionen von der Madonna und erhält Botschaften von ihr. Er traf sich mit der spanischen Königin Sophia, mit Michael Gorbatschow und anderen hochrangigen russischen Funktionären, und sprach auch vor dem Plenum der Vereinten Nationen. Sein erklärtes Ziel ist es, "das Bewusstsein der Menschheit für die großen Veränderungen, die der Welt bevorstehen, zu sensibilisieren". Die Stigmata[4], die täglich an seinen Händen auftreten, sind ein weiterer Beweis dafür, dass etwas Außergewöhnliches vor sich geht.

Bongiovannis Geschichte erinnert mich an die Marienerscheinungen von Medjugorje. Ähnlich wie die Seherkinder sprach auch Bongiovanni mit der Madonna und erhielt Einblick in die Geheimnisse, insbesondere in das kürzlich enthüllte dritte Geheimnis von Fatima.

Fatima, eine kleine Stadt in Portugal, kam 1917 in die Schlagzeilen der internationalen Presse, als einer Gruppe von drei Kindern mehr als fünf Monate lang die Gottesmutter Maria erschienen war. Schätzungsweise 70.000 Personen waren bei der letzten Erscheinung anwesend und wurden Zeugen des "Sonnenwunders", als die Sonne am Himmel zu tanzen begann. Ähnliche Ereignisse werden auch aus Medjugorje berichtet. Da sich die Erscheinung selber nie mit einem Namen ausweis, hat man sie ganz einfach als "Unsere Frau von Fatima" bezeichnet.

Damals wurden einer der Seherinnen, der 10-jährigen Lucia de Jesus dos Santos, die heute als Nonne in einem Kloster des Karmeliterordens lebt, drei Geheimnisse offenbart. Das erste – in der Zeit während des Ersten Weltkrieges – enthielt eine Botschaft des Friedens und eine Vision der Hölle mit gequälten Seelen, die in ein Feuermeer stürzten.

Das zweite Geheimnis prophezeite, dass Russland "seine Irrlehren über die Welt verbreiten" und "Kriege und Kirchenverfolgungen heraufbeschwören" würde. Das dritte Geheimnis wurde 60 Jahre lang in einem Schließfach im Vatikan verwahrt und von jedem nachfolgenden Papst gelesen, jedoch offenbar für zu schrecklich gehalten, um öffentlich enthüllt zu werden. Am 26. Juni 2000 wurde es schließlich bekannt gegeben.

Auszüge aus Lucias Brief aus dem Jahre 1944, von *Associated Press* veröffentlicht, beschrieben, was manche als apokalyptische Vision bezeichnen würden. Symbolisch verhüllt hieß es: "...ein in Weiß gekleideter Bischof ..." [wurde] "von einer Gruppe von Soldaten getötet, die mit Feuerwaffen und Pfeilen auf ihn schossen. Genauso starben nach und nach die Bischöfe, Priester, Ordensleute und verschiedene weltliche Personen, Männer und Frauen aus allen Klassen und Ständen". Anstatt jahrzehntelangem Spekulieren ein Ende zu setzen, entzündete die Enthüllung erneut eine kirchliche Debatte über ihren Wortsinn und ihre Bedeutung für Katholiken.

In den veröffentlichten Auszügen fehlte die Erwähnung der Wiederkunft Christi, die nach Informationen von Giorgio Bongiovanni zu der dritten Botschaft gehört: "Die Jungfrau Maria erzählte mir, dass er zurückkehren wird, obwohl niemand ihn erwartet. Mit anderen Worten: Er wird zwar zurückkommen, aber niemand erwartet, ihn schon so bald zu sehen. Ich kenne das exakte Datum nicht, aber ich weiß, dass *jetzt* die Zeit gekommen ist. Wie schon in der Bibel geschrieben steht, wird er kommen, aber wahrscheinlich wird niemand bemerken, dass er hier ist ... Schließlich jedoch werden es alle wissen."[5]

Werden Teile des Briefes von Schwester Lucia noch immer durch die Kirche zurückgehalten?

Franklin Roosevelt und die Meister

Ein anderes Staatsoberhaupt, das Kontakte zu Meistern hatte, war Franklin D. Roosevelt. Beweise für sein Interesse an den Meistern der Weisheit finden sich in den Aufzeichnungen der Roosevelt-Bibliothek in Hyde Park im Bundesstaat New York. Offensichtlich suchte FDR während des Zweiten Weltkrieges den Rat der Meister durch Helena Roerich.

Helena Roerich und ihr Mann Nicholas stammten aus St. Petersburg, Russland. Viele Jahre lebten sie in Indien und verbrachten auch einige Zeit in Europa und Amerika. Während des Krieges wohnten sie in Nordindien, nahe der Grenze zu Tibet, in einer Gegend namens Kulu-Tal.

Helena wurde durch einen Meister inspiriert, eine Reihe von Büchern zu schreiben, die bis heute aufgelegt werden. Sie sind Teil einer Sammlung, die als Agni Yoga Lehren bekannt sind. In den Kriegsjahren, als das Ehepaar Roerich sich in Indien aufhielt, korrespondierte Helena mit dem Weißen Haus und beriet Präsident Roosevelt in zahlreichen Fällen, die sich auf den Verlauf des Krieges bezogen.

Ihr Briefwechsel wurde 1948 von Westbrook Pegler veröffentlicht, einem Verfasser von Leitartikeln für Zeitungen der Hearst-Gruppe. Die öffentliche Enthüllung blieb nicht ohne negative Konsequenzen was den präsidialen Anspruch des Vizepräsidenten Henry Wallace betraf, denn es schien unbestreitbar, dass er die Briefe für Roosevelt verfasst hatte. Weil sie Roerich mit "Lieber Guru" ansprachen, wurden die Briefe als Roosevelts "Guru-Briefe" bekannt.

Wallace und Roosevelt wussten, dass man vorsichtig sein musste, um in der Öffentlichkeit nicht mit unorthodoxen spirituellen Abenteuern in Verbindung gebracht zu werden. Sie gaben daher nie wirklich zu, die Autoren zu sein. Es war jedoch aufschlussreich die Briefe zu lesen, zumal sie Ratschläge für den Präsidenten zum Thema Krieg enthielten sowie die Ermutigung, dass der Krieg als Triumph für die "Kräfte des Lichts", die die verbündeten Nationen unterstützten, enden würde.

Offenbar war Henry Wallace ein begeisterter Anhänger der Philosophie Roerichs; er und Roerich kommunizierten miteinander über Jahre. Es war Nicholas Roerich, der Wallace vorschlug, das Bild der Pyramide auf dem Großen Siegel der Vereinigten Staaten für die Gestaltung der Eindollarnote zu verwenden. Wallace leitete die Idee an den damaligen Finanzminister Henry Morgenthau weiter und seither

wird das Bild der Pyramide auf jede US-Dollarnote geprägt. Als Henry
Wallace 1934 Landwirtschaftsminister war, bot er Nicholas Roerich
einen Zuschuss von der US-Regierung für eine Expedition durch China und die Mongolei an. Dort sollte Roerich nach dürreresistenten
Pflanzen forschen. Roerich war sehr an diesem Unternehmen interessiert und akzeptierte sofort. Sein Reisebericht, den er unter dem Titel
Heart of Asia veröffentlichte, ist faszinierend — nicht zuletzt auch wegen den Erfahrungen Helenas mit den Meistern, denen sie auf ihrem
Weg begegnete.

Nicholas Roerich ist international als Künstler und Philosoph bekannt. Viele von seinen geistig inspirierten Gemälden der Meister in
Europa und Amerika sind heute in Museen und Sammlungen in der
ganzen Welt ausgestellt.

Roerich bemühte sich um Unterstützung für den Roerich-Friedens-
pakt, ein Abkommen aus dem Jahre 1928 zur Erhaltung und zum Schutz
kultureller Einrichtungen und Bauwerke in Kriegszeiten. Das Abkommen wurde am 15. April 1935 im Weißen Haus in Anwesenheit von
Präsident Roosevelt und Delegierten aus zwanzig lateinamerikanischen
Ländern unterzeichnet. Für seine Bemühungen wurde Nicholas Roerich
für den Nobelpreis nominiert.

Kein "New-Age"-Phänomen

Die Existenz der Meister der Weisheit ist keine überspannte "New-
Age"-Vorstellung, sondern ein uraltes Wissen, das erst in den letzten
150 Jahren zu Papier gebracht und einem breiten Publikum zugänglich
gemacht wurde. Ich verweise hier auf den Anhang I am Ende dieses
Buches, in dem weitere Informationen über die Lehren der Zeitlosen
Weisheit und ihre wichtigsten Übermittler in jüngerer Zeit aufgeführt
sind.

Als "Ältere Brüder" und "Hüter der menschlichen Rasse" bieten
uns die Meister, wo immer sie können, ihre Hilfe an, solange wir uns
Schritt für Schritt auf dem Weg zurück zur Quelle allen Seins fortmü-
hen. Seit Jahrtausenden arbeiten sie durch Männer und Frauen aus
allen Gesellschaftsschichten und jedem Bereich menschlichen Bemü-

hens. Durch ihr volles Hervortreten in die Öffentlichkeit und ihre offene Zusammenarbeit mit der Menschheit erfüllen sie einen Teil ihrer eigenen Bestimmung als Gruppe. Für uns wird es dadurch möglich, einen gigantischen Entwicklungsschritt zu machen.

Sehen Sie sich daher all die Menschen in verantwortlichen und führenden Positionen – sowohl in Ihrem Umfeld als auch in der Welt insgesamt –, die sich für die Abschaffung der alten Missstände einsetzen, gut an. Ich bin mir sicher, Sie werden unter ihnen Maitreyas Vorhut finden.

Private Treffen mit den Meistern

"Deine Erfahrung ist dein Segen
Was du erfahren hast, weißt du.
Andere können nur nachvollziehen,
was sie selbst erfahren haben."

—Maitreya

Da ich viele Jahre lang die Geschichte über das Hervortreten der Geistigen Hierarchie verfolgte, ging man offenbar davon aus, dass ich interessiert und auch gewillt sei, öffentlich darüber zu sprechen. So wurde ich von Zeit zu Zeit gebeten, vor kleinen Gruppen von Gästen zu sprechen, oder ich wurde jemandem vorgestellt, der persönliche Begegnungen mit den Meistern gehabt hatte, jedoch anonym bleiben wollte. Diese Treffen waren hochinteressant für mich und führten zu vielen neuen Freundschaften. Eine dieser Gelegenheiten erwies sich als besonders aufschlussreich — nicht etwa durch das, was gesagt wurde, sondern vielmehr durch das, was nicht gesagt wurde.

Zustimmung durch beredtes Schweigen

Dieser Fall hatte eine besondere Bedeutung, weil Personen anwesend waren, die aufgrund ihrer Position für die Wiederkunft des Christus wichtig sind, auch wenn sie selbst möglicherweise bezweifeln, dass der Christus heute tatsächlich wieder unter uns ist. Unter den Gästen befanden sich zahlreiche Besucher aus Europa mit Verbindung zur römisch-katholischen Kirche. Insbesondere einer der Anwesenden kann als sehr enger Freund des Papstes bezeichnet werden.

Ebenfalls auf der Gästeliste standen Geschäftsleute aus dem näheren Umfeld des US-Präsidenten, ein Jesuitenpriester von der Georgetown Universität und weitere Namen, die vielen in den USA und Europa bekannt sein dürften. Mir war daher etwas unwohl bei dem Gedanken, ein derart wichtiges Publikum, das noch dazu so eng mit der katholischen Kirche verbunden war, mit meiner ungewöhnlichen Geschichte zu konfrontieren. Ich hatte keine Ahnung, wie viel diese Leute schon über das Thema wussten, aber ich nahm an, es war wenig oder gar nichts.

Nachdem ich meinen langen Monolog über Maitreya und seine Mission beendet hatte, musste ich zu meiner Bestürzung feststellen, dass es im Raum absolut still blieb. Nicht einmal der Jesuit in meiner Nähe sagte etwas — keine Fragen, keine Einwände. Vielleicht lag das an der übermächtigen Präsenz des Papstfreundes, dachte ich, oder sie wussten tatsächlich schon genauso viel darüber wie ich. Es war mir jedenfalls unbegreiflich, dass *nicht einer* von ihnen sich veranlasst fühlte zu reagieren. Die einzige Spur eines Erkennens während meines Vortrags kam von dem Mann mit der Verbindung zum Weißen Haus, der bei einigen meiner Darlegungen sichtbar schmunzelte und zustimmend mit dem Kopf nickte. Schließlich fragte der Gastgeber den Freund des Papstes nach seiner Meinung. Dieser gab zur Antwort, dass der Vatikan über dies alles umfassende Kenntnis besitze, aber dass es dem Heiligen Vater überlassen bleibt, sich dazu zu äußern.

An diesem Abend wurde nichts weiter dazu gesagt, erst später sprachen mich einige der Gäste im Vertrauen an. Auch sie wussten, so sagten sie mir, von der Wiederkehr, fühlten sich aber nicht in der Lage, öffentlich oder bei privaten Treffen darüber zu sprechen — vermutlich wegen der möglichen Auswirkung auf ihr Ansehen. Ich weiß jedenfalls, dass einige bedeutende Personen Maitreya bereits getroffen und ihm Unterstützung für sein Werk zugesagt haben. Sie wurden von *ihm* jedoch ausdrücklich gebeten, noch nicht darüber zu sprechen. Da sie sehr einflussreich sind, könnten sie den freien Willen ihrer Zuhörerschaft verletzen. Die dahinterliegende Absicht ist meines Erachtens, dass jeder die Gelegenheit haben soll, aufgrund der eigenen intuitiven Reaktion auf seine Worte und seine Liebe den Weltlehrer zu erkennen, und nicht etwa aufgrund der "amtlichen Verkündigung" anderer.

Projekthilfe für Herrn Jones um drei Uhr früh

Im Anschluss an das Treffen vertraute sich mir ein gewisser Herr Jones (offensichtlich nicht sein richtiger Name) an. Während ich ihm einige von Maitreyas Zielen vorstellte, zeigte mir sein wissendes Lächeln und sein zustimmendes Nicken, dass ich ihm nichts Neues mitteilte. Dann gab er seine eigenen Geschichten über persönliche Begegnungen mit geistigen Wesen preis und erzählte, wie sie ihn bei einem Projekt unterstützen, das Maitreya besonders am Herzen liege.

"Geistige Wesen" zu treffen, scheint in der heutigen Welt nichts Ungewöhnliches mehr zu sein, da viele darauf aus sind, ihre letzte "Begegnung" jedem, der es hören will, zu erzählen, und ein ganzer Wust von Büchern, dieses eingeschlossen, zu diesem Thema erscheinen. Anders Herr Jones. Er teilte seine Erfahrungen mit den Meistern nur mit wenigen Leuten, die er sorgfältig auswählte.

Bei meiner ersten Begegnung mit Herrn Jones erinnerte ich mich, dass ich nur wenige Wochen vorher auf der Titelseite einer Zeitung ein Bild von ihm gesehen hatte, auf dem er neben Präsident Clinton stand. Ich wusste, dass er ein erfolgreicher Geschäftsmann war mit Kontakten zu Regierungskreisen. Aus diesem Grund zog er es vor, nicht öffentlich über seine Erlebnisse zu sprechen. Das hätte seine Glaubwürdigkeit gefährden und negativen Einfluss auf seine Zusammenarbeit mit Personen in Führungspositionen haben können. Dennoch vertraute er mir im Verlauf eines fünfstündigen Abendessens seine außergewöhnlichsten Erlebnisse mit den Meistern an. Er bat mich lediglich, niemals seinen Namen in Verbindung mit diesen Geschichten zu erwähnen.

Aus meinen eigenen Erfahrungen erkannte ich sofort, dass er mir die Wahrheit erzählte. Sein erstes Erlebnis begann um drei Uhr morgens, während er noch schlief. Diese Stunde ist bezeichnend, denn erfahrungsgemäß suchen die Meister gewöhnlich zwischen drei und vier Uhr morgens einzelne Personen auf, um sie zu unterrichten.

Eines Nachts wurde er durch ein besonders helles Licht, das von irgendwo außerhalb seiner Schlafzimmertür kam, aufgeweckt. Da er wusste, dass er allein im Haus war, konnte es von keiner normalen Lichtquelle in seinem Haus kommen. Es war so intensiv, dass es unter der Tür des Gästezimmers bis hinunter zur Halle und unter der Tür des Schlafraums von Herrn Jones hindurchschien und ihn aus einem gesunden Schlaf aufweckte. Erstaunlicherweise ging dieser sicher und ohne Furcht auf das Licht zu und öffnete die Tür. Vor ihm standen drei unbekannte Gäste, die ihn schweigend ansahen.

Herrn Jones verschlug es die Sprache. Schließlich hatte er sich soweit erholt, dass er sie fragen konnte, was sie in seinem Haus machten. Darauf erwiderte einer der Männer: "Du hast uns eingeladen, was möchtest du?" Ungläubig nahm er die Antwort zur Kenntnis, begriff jedoch schnell, dass nicht nur die Situation, sondern auch die Männer selbst höchst außergewöhnlich waren: Ein helles Licht strahlte von ihren Körpern aus, das weit über den Raum hinausreichte.

Einer von ihnen, der Sprecher der Gruppe, erinnerte Herrn Jones daran, dass dieser selbst für sein Projekt um Hilfe gebeten habe und sie auf seine Bitte hin gekommen seien. Normalerweise wäre ihm eine solche Bemerkung absolut lächerlich vorgekommen, aber er hatte tatsächlich um Hilfe gebeten und jetzt schienen seine Gebete erhört worden zu sein. Nur einer der drei Männer sprach und ich zweifle nicht daran, dass es Maitreya war. Die anderen waren vermutlich zwei Meister, die Maitreya öfter begleiten, wenn er den Menschen erscheint.

Die drei männlichen Gestalten strahlten nicht nur Licht aus, um ihre "andere Weltlichkeit" zu demonstrieren, sondern waren auch recht auffallend gekleidet. Nach Angaben von Herrn Jones trugen sie leuchtende, metallene Kampfanzüge, die stark an mittelalterliche Rüstungen erinnerten. Bevor sie gingen, fragte er sie nach ihren Kostümen. Sie entgegneten, dass sie bereit seien, für seine Sache "in den Kampf" zu ziehen. Maitreya und seine Meister besitzen einen beachtlichen Sinn für Humor und kleiden sich oft höchst symbolisch.

Nach dem Erlebnis vom frühen Morgen war Herr Jones am folgenden Tag vom Weißen Haus zum Kapitol unterwegs, als dieselben drei Männer wie aus dem Nichts plötzlich in seinem fahrenden Wagen auftauchten. Der Wortführer (Maitreya?) saß vorne.

Er entschuldigte sich nicht für ihr plötzliches Erscheinen, vielmehr ließ er Herrn Jones gleich wissen, dass er sie jetzt zu jeder Tages- und Nachtzeit erwarten könne. Dieses Mal trugen die drei gewöhnliche Anzüge, wohl wissend, dass im Mittagsverkehr der Pennsylvania Avenue mittelalterliche Kostüme zu viel Aufsehen erregen würden.

Obwohl nur der Mann auf dem Vordersitz sprach, konnte Herr Jones die anderen in seinem Rückspiegel beobachten. Die drei verschwanden wie sie gekommen waren. Blitzartig lösten sie sich in Luft auf, allerdings nicht, ohne zuvor die Aufgabe, die sie mit Herrn Jones zum Abschluss bringen wollten, besprochen zu haben. Soviel ich weiß, verschwenden die Meister weder Zeit noch Energie mit Besuchen, außer es liegt ein Grund vor. Ich vermute, allein schon in den USA gibt es Tausende Geschichten dieser Art.

Ein persönlicher Freund wird zu Herrn Jones geführt

Während eines Empfangs mit mehr als tausend Gästen, zeigte sich einem Freund von mir einer der Meister in Gestalt der Gottesmutter Maria. Sie, die jetzt ein Meister der Weisheit ist, teilte ihm mit, dass ein sehr wichtiger Mann unter den Anwesenden sei, dessen Arbeit weltweit viel zum Wohl der Menschheit beitrage. Die Gottesmutter führte ihn direkt zu diesem Mann, der niemand anders als Herr Jones war und forderte ihn auf: "Stellen Sie sich vor."

Da nur er die Gottesmutter sehen konnte, widerstrebte es meinem Freund, mit einem ihm völlig Fremden über die Meister und heilige Erscheinungen zu sprechen. Trotzdem gelang es ihm, zu vermitteln, dass die Vorsehung sie zusammengebracht habe und überraschte dann Herrn Jones mit genauen Kenntnissen über seine Arbeit und die mysteriösen Treffen mit den "Himmlischen Boten". Das reichte aus, um Herrn Jones davon zu überzeugen, dass er wieder einmal jemanden getroffen hatte, der mit den Meistern der Weisheit zusammenarbeitete.

Diese Begegnung fand statt, *vor* meinem Vortrag vor den Würdenträgern und dem anschließenden Treffen mit Herrn Jones. Nicht durch mich, sondern durch die Gottesmutter wurden die Informationen an meinen Freund weitergegeben und sie veranlasste auch, dass die beiden sich kennen lernten.

Derzeit kann über die Art der Tätigkeit von Herrn Jones noch nichts bekannt gegeben werden. Ich kann nur sagen, dass nach Maitreyas Tag der Erklärung auch er seine Identität zu erkennen geben wird, sodass die ganze Welt von seiner Einbindung in ein wichtiges humanitäres Projekt informiert sein wird. Er ist zwar darauf vorbereitet, es schon viel früher durchzuführen, aber Maitreya hat verlauten lassen, dass der richtige Zeitpunkt noch nicht gekommen ist. Die Menschheit muss erst beginnen, sich als eine Familie zu sehen und die Ressourcen der Welt zu teilen, bevor Herr Jones und andere in ähnlicher Mission ihre Projekte vorstellen können.

Führende Weltpolitiker treffen sich

Meine Kontakte in dieser Zeit reichten zu vielen Dienststellen und Ministerien der Regierung und zu internationalen Organisationen mit Sitz in Washington. So befreundete ich mich mit einem Mann in guter Position, der für eine große internationale Einrichtung arbeitete. Wir unterhielten uns nicht über "Religion", sondern über das viel umfassendere Thema "Spiritualität".

Mir war bekannt, dass er sich damals auf die Teilnahme an einer großen internationalen Konferenz für Regierungschefs und führende Köpfe der Wirtschaft in Europa vorbereitete. Genauer gesagt, war er der Hauptreferent. Dies erschien mir der richtige Zeitpunkt, ihm Maitreyas Denkweise über internationale Wirtschaftspolitik aus dem Buch von Benjamin Creme, *Maitreyas Mission*, Band II, vorzustellen. Als ich ihm das Buch zeigte, sagte er gleich, dass er die Idee der Wiederkunft Christi interessant fände, im Moment aber viel zu beschäftigt sei, noch zusätzlichen Lesestoff anzunehmen.

Ich bestand jedoch darauf, dass er mein Exemplar annahm; er bräuchte es ja nicht sofort zu lesen, sondern könne es in seiner Bibliothek für einen geeigneten Moment aufbewahren. Ich fügte noch hinzu, dass die Meister ihn zum rechten Zeitpunkt auf das Buch aufmerksam machen würden. Obwohl er mir nochmals versicherte, wie beschäftigt er die kommenden Monate sein würde, nahm er das Buch schließlich doch.

Ich erwartete daher erst gar nicht, in der nächsten Zeit etwas von Herrn Brown (Name geändert) zu hören und war angenehm überrascht, als er mich nur wenige Wochen später anrief. Er sei soeben von der Wirtschaftskonferenz in Europa zurückgekehrt und hätte ein wundervolles Erlebnis gehabt, von dem er mir so bald wie möglich berichten wolle. Ich lud ihn für den nächsten Tag zu mir nach Hause ein und ahnte bereits, was geschehen war.

Die Meister verlegen mein Buch

Er erzählte mir, dass er die Zeit im Flugzeug nutzen wollte, um seine programmatische Rede auszufeilen. Als er in seinen Aktenkoffer griff, zog er statt seiner Unterlagen, ausgerechnet jenes Buch hervor, das ich ihm wenige Wochen zuvor gegeben hatte.

Er konnte sich absolut nicht erklären, wie das Buch in seine Aktentasche gelangt war. Infolge der vertraulichen Natur seiner Arbeit, durften weder seine Frau noch sein Sekretär die Aktentasche öffnen. Trotzdem hielt er nun auf seinem Flug nach Europa dieses Buch in den Händen.

Etwas verärgert über dieses Kuriosum nahm er erst einmal einen Cocktail und blätterte das Buch oberflächlich durch. Das kurze Überfliegen ging bald in intensives Lesen über, denn er bemerkte, dass einige von Maitreyas Ideen, sich als interessantes Material für seine Rede eigneten. Ohne zu zögern, begann er also, die Leitgedanken seines Referats, das er am folgenden Tag halten sollte, umzuschreiben.

Bei der Eröffnung der Konferenz stellte Herr Brown diese neuen Ideen hochrangigen Wirtschaftsführern und Regierungschefs vor, ohne eine Vorstellung davon zu haben, wie man sie aufnehmen würde. Zu seiner Überraschung zeigten sich viele Delegierte äußerst interessiert und wollten ebenso wie der regierende Monarch des Landes – der Gastgeber der Konferenz – mehr darüber erfahren.

Für den nächsten Tag wurde Herr Brown zu einem Essen in den königlichen Palast eingeladen. Als er dort ankam, entdeckte er, dass er nicht der einzige Gast war, und erkannte einige Konferenzteilnehmer aus verschiedenen Ländern. Europa, Asien und der Nahe Osten, alle schienen vertreten zu sein. Also beruhigte er sich allmählich, da er annahm, dass es sich um ein formloses Treffen handelte, um den Delegierten zu danken.

Trotzdem überlegte er, was diese gemischte Auswahl wohl auf sich habe. Als die zum Mittagessen geladenen Gäste der königlichen Hoheit vorgestellt wurden, bemerkte Herr Brown, dass er direkt neben dem Monarchen platziert wurde.

"Weshalb diese Ehre?", wunderte er sich, denn er war kein Delegierter eines Nationalstaates. Als man ihn fragte, ob er wisse, warum er eingeladen wurde, konnte er dies nur verneinen. Der Monarch fragte ihn daraufhin nach der Herkunft seiner ungewöhnlichen Ideen in seiner Rede.

Die Stunde der Wahrheit war gekommen und Herr Brown beschloss, ehrlich zu sein. Er berichtete, dass ich ihm das Buch *Maitreyas Mission* angeboten hatte, wie es auf wundersame Weise in seiner Aktentasche auftauchte und er es dann im Flugzeug las und von den Ideen fasziniert war. Jetzt lächelte die königliche Hoheit und nickte zustimmend. Der Monarch erklärte daraufhin, dass alle Anwesenden von Maitreya wüssten und für seine Mission zusammenarbeiteten; trotzdem müsse ihre Identität noch geheim gehalten werden, bis Maitreya selbst hervortrete und öffentlich zur Welt spreche.

Nur einer der Anwesenden hatte kein Problem damit, öffentlich bekannt zu geben, dass er dem Christus begegnet sei. Sein Name war Michael Gorbatschow. Ich nehme an, Gorbatschow dachte, dass er durch diese Enthüllung nichts zu befürchten oder zu verlieren habe, da er in seinem Land keine politische Machtposition mehr innehatte.

Es überraschte mich nicht, dies über Herrn Gorbatschow zu hören, denn von einem Beamten des Pentagon wusste ich schon viel früher von Gorbatschows Verbindung zu Maitreya. Auch hatte ich aus zuverlässiger Quelle vernommen, dass Herr Gorbatschow mehrmals in Indien gewesen war und dort den Avatar Sai Baba besucht hatte. Ich finde es interessant, dass die internationale Presse Herrn Gorbatschow niemals nach seinen spirituellen Ansichten gefragt hat, ist er doch noch während seiner Amtszeit mit seiner Frau Raissa zum Christentum übergetreten. So wie er "Perestroika" (Umbau) und "Glasnost" (Offenheit) in der Sowjetunion einführte, war es für mich offenkundig, dass er vom Christus beeinflusst wurde. Vielleicht werden wir irgendwann einmal mehr über sein Leben und die Hintergründe des Zusammenbruchs des Sowjetimperiums erfahren.

Was ich an dieser Geschichte besonders schätze, ist die Gewissheit, dass die Meister bereits damit begonnen haben, Menschen in wichtigen Führungspositionen eine Rolle bei der kommenden globalen Veränderung anzubieten und sie auf den Tag der Erklärung vorzubereiten. Diese Persönlichkeiten von Weltrang, die ohne Zweifel Jünger von Meistern sind, werden daran arbeiten, die Ziele der Geistigen Hierarchie zu fördern.

Überdies haben diese Menschen es auf die eine oder andere Weise geschafft, sich gegenseitig zu finden. Obwohl mir Herr Brown ihre Namen nicht anvertraut hatte, war ich in der Lage gewesen, selber einige lehrreiche Schlüsse zu ziehen. So konnte ich aufgrund seiner Reaktion (oder ausbleibenden Reaktion) erkennen, dass ich bei einigen von ihnen richtig lag.

Schon immer haben die Meister die Menschheit gelenkt

Es wird gesagt, dass die Meister schon immer die Menschheit inspiriert und gelenkt haben, wenngleich hauptsächlich hinter den Kulissen des täglichen Lebens. Es ist nicht wichtig, ob wir sie Meister, geistige Wesen, aufgestiegene Heilige, Engel oder Devas nennen. *Entscheidend ist, dass sie gemeinsam mit den Menschen für eine schnelle Transformation allen Lebens auf dem Planeten arbeiten wollen.* Sie bieten ihre Führung jetzt offen an und spielen eine der wichtigsten Rollen in unserem planetaren Plan.

Ihr Einfluss ist oft sehr deutlich bei den weiter entwickelten Männern und Frauen zu spüren, die an vorderster Front auf den unterschiedlichsten Arbeitsgebieten als großartige Künstler, Wissenschaftler oder Politiker tätig sind. Einige dieser Führungskräfte, Herrn Gorbatschow eingeschlossen, wissen vielleicht, dass sie von den Meistern geführt werden, aber den meisten ist dies wahrscheinlich nicht bewusst. Ein Wissenschaftler mag über einen plötzlichen Durchbruch in seiner Arbeit wie von einem Wunder sprechen, doch in Wirklichkeit war es das Werk eines Meisters, der ihm auf der geistigen Ebene ein Bild vermittelte, das er dann aufgriff. Diese seit langem bestehende Beziehung wird heute offenkundig, wenn Maitreya und die Meister sich mehr und mehr sowohl führenden Weltpolitikern als auch ganz normalen Bürgern zeigen. Dies wird das Tempo der neuen Entdeckungen auf allen Gebieten beschleunigen, und in wissender Kooperation wird die Menschheit beginnen, mit ihren großen Wohltätern an der Lösung der Weltprobleme zusammenzuarbeiten.

Eine neue Art der Wohnungssuche

"Mein Plan ist, mich Stufe für Stufe zu
offenbaren und alle erleuchteten Seelen,
durch die ich wirken darf,
um mich zu versammeln.
Dieser Vorgang hat begonnen
und bald wird meine Anwesenheit
in meinem Zentrum bekannt werden"

—Maitreya

Als ich Maitreya 1983 traf, bemerkte er abschließend noch: "Ich hoffe, du wirst dich an dein Versprechen erinnern, das du mir heute gegeben hast." Ich hatte damals erwidert, dass ich mich nicht erinnern könne, etwas versprochen zu haben. Er versicherte mir jedoch, dass die Erinnerung an mein Versprechen zur rechten Zeit wiederkehren würde.

1995 lebte ich in Washington D.C. und arbeitete für die US-Informationsbehörde (USIA) als Leiter des Fulbright-Stipendienprogramms. Ich war gerne auf diesem Posten und plante, noch mindestens zehn weitere Jahre für die Regierung zu arbeiten, bevor ich überhaupt an Ruhestand denken wollte. Im August desselben Jahres aber ereignete sich etwas Ungewöhnliches. Erstmals überkam mich die leise Ahnung, dass die Meister und ich möglicherweise unterschiedliche Pläne gemachten.

Drei Schläge erzwingen meine Beachtung

Es war an einem Samstagmorgen. Ich war gerade in meinem Schlafzimmer beim Staub saugen, als ich plötzlich einen seltsamen Stromstoß zwischen meinen Augenbrauen spürte.[1] Noch während ich zu Boden sank, dachte ich an einen Blitz oder elektrischen Schlag. Eine andere, ebenso besorgniserregende Möglichkeit war, dass ich einen Schlaganfall erlitten hatte, da ich spürte, dass sich die Energie in meinem Kopf zentrierte.

Ich war zu verwirrt, um irgendetwas anderes zu tun, als mich ganz ruhig hinzulegen und meine Gedanken zu sammeln. Während ich so auf dem Boden lag und mich fragte, was eigentlich geschehen sei, hörte ich in meinem Kopf eine deutliche Stimme sagen: "Setz dich hin und schließe deine Augen. Ich werde dir zeigen, wo du leben wirst." [2]

Ich setzte mich nicht hin und schloss auch nicht meine Augen. Obwohl die Botschaft deutlich genug war, machte ich mir mehr Sorgen über meine Gesundheit als alles andere. Ich bemerkte jedoch bald, dass mit mir alles in Ordnung war. Auch spürte ich keinerlei gesundheitliche Nachwirkungen. Dennoch erwog ich, zur nächsten Notfallstation zu gehen, um ärztlichen Rat einzuholen.

Zweiter Schlag

Stattdessen stand ich auf und machte mich daran, weiter zu saugen, als die gleiche Kraft mich erneut zwischen den Augenbrauen traf. Wieder hörte ich eine Stimme sagen: "Setz dich hin und ich werde dir zeigen, wo du leben wirst."

Obwohl mein bewusster Verstand die Botschaft dieses Mal noch deutlicher vernahm, galt meine vorrangige Sorge wieder meiner Gesundheit. Ich überprüfte mich nach allen möglichen Symptomen abweichender Körperfunktionen, wie zitternde Hände, getrübte Sicht oder Schmerzen, doch ich konnte nichts Ungewöhnliches feststellen.

Gleichzeitig überlegte ich, wie ich am besten zur Notaufnahme gelangen könne, um das explosive Gefühl in meinem Kopf untersuchen zu lassen. Ich fragte mich aber auch, was die seltsame Eröffnung über "eine Gegend, in der ich künftig leben würde", bedeuten sollte. Mir schien, dass morgen oder nächste Woche eine geeignetere Zeit wäre, über solche Dinge nachzudenken. Ich verstand nicht, warum ich ausgerechnet jetzt, da mein Leben womöglich in Gefahr war, so banale Gedanken haben konnte.

Dritter Schlag

Fast augenblicklich traf mich die seltsame Kraft ein drittes Mal. Genau wie die beiden Male zuvor spürte ich sie wie einen Energiekeil vorn an der Stirn zwischen meinen Augen. Und diesmal hörte ich noch klarer eine Stimme sagen: "Setz dich *sofort* hin und ich werde dir zeigen, wo du leben wirst."

Ich ließ mich auf das Sofa in meinem Schlafzimmer fallen und schloss die Augen. Sogleich sah ich mich in einer Vision auf ein Haus zugehen. Wo das Haus stand und woher dieses überaus realistische Bild stammte, wusste ich nicht. Allerdings bemerkte ich einen Begleiter, der mich aufforderte, in bestimmte Richtungen zu schauen und charakteristische Ausblicke zu beachten. Ich erinnere mich nicht, ihn direkt angesehen zu haben, sondern folgte einfach seinen Anweisungen. Es war, als betrachtete ich einen bunten Film, in dem ich selbst einer der Darsteller war.

Besichtigung meines neuen Hauses

Durch die Garage betraten wir die Küche. Das Haus war möbliert und ich bemerkte, dass die Möbel genauso aussahen wie meine eigenen. Auf dem Tisch in einer Küchenecke stand ein Computer und auf dem Esszimmertisch lagen jede Menge Papiere. Als wir am Eingang zum Wohnzimmer kurz stehen blieben, schaute ich zum Fenster hinaus und sah im Innenhof einen kleinen Garten mit einer hohen Mauer und dahinter eine Kiefer. Ich nahm an, da draußen war irgendwo eine Straße, aber es war mir nicht möglich, über die Mauer zu schauen. Dann schlug mein Begleiter vor, nach oben zu gehen, um eine bessere Aussicht zu haben und den seiner Meinung nach schönsten Raum im Haus zu besichtigen.

Am oberen Ende der Treppe befand sich ein großer Raum mit mehreren Fenstern. Während mein Begleiter auf die Fenster wies, sagte er, als sei diese Blickrichtung in irgendeiner Weise bedeutsam: "Schau dir diesen Ausblick an: Er geht nach Osten". Ich schaute hinaus und war verblüfft: Wie ich angenommen hatte, war da unten eine Straße und dahinter eine große freie Fläche mit einem wunderschönen Grünstreifen aus gepflegtem Rasen und Kiefern.

Es schien mir ein Rätsel, dass man auf der anderen Seite hinter dem Rasen und den Häusern mit den roten Ziegeldächern unter einer steilen Felswand oder einem Gebirgszug ein Tal sehen konnte. Scheinbar gab es weder Bäume noch irgendetwas Grünes, was im Tal oder auf den Bergen wuchs. Ich hielt es für eine Wüste, aber es war mir unbegreiflich, wie es in der Nähe dieses Hauses so grün und schon gleich dahinter so ausgetrocknet und verödet sein konnte. Ich hatte niemals etwas Ähnliches gesehen und überlegte, wo dieser Platz wohl sein könnte.

Ich versuchte, mehr von dem Tal zu sehen und stellte mich auf die Zehenspitzen. Vielleicht gab es dort unten einen Fluss, der alles so grün hielt?

Aber mein Begleiter, der offensichtlich meine Gedanken las, bemerkte: "Es gibt keinen Fluss im Tal."

Aus den Fenstern auf der gegenüberliegenden Seite des Hauses konnte ich eine Reihe stilvoller Häuser mit roten Ziegeldächern und verputzten Hauswänden sehen. Direkt hinter diesen Gebäuden erspähte ich einen weiteren Streifen leuchtend grünen Rasens, der sich sanft den Hügel hinauf ausdehnte und oben an eine zweite Häuserreihe anschloss. Dahinter gab es nichts als klaren blauen Himmel.

An diesem Punkt sagte mein Begleiter: "Jetzt hast du das Haus, wo du leben wirst, gesehen", und das Abenteuer endete so abrupt, wie es begonnen hatte.

Ich öffnete meine Augen und dachte über das seltsame Erlebnis nach. Umgehend wurde mir klar, dass es das Werk eines Meisters gewesen sein muss. Obwohl ich nicht einen Moment daran glaubte, dass ich je an einem solchen Ort leben würde, war ich mir doch bewusst, dass die Meister ihre Zeit und Energie nicht damit verschwenden, den Menschen Dinge zu zeigen, die bedeutungslos sind. Ich war fasziniert, hatte aber keine Erklärung dafür.

Reisevorschlag von unbekannter Seite

In den Wochen nach diesem mysteriösen Erlebnis, verlief das Leben ohne weitere Zwischenfälle. Es war bereits September und mir wurde klar, dass meine mir zustehenden Urlaubstage verfallen, falls ich nicht vor Ende des Jahres Urlaub nehmen würde. Also plante ich schleunigst, Ende Oktober zehn Tage frei zu nehmen und gemeinsam mit Freunden an einen interessanten Ort zu reisen. Aber jedes Mal, sobald ich etwas zusammengestellt hatte, zerschlug es sich gleich wieder. Obwohl alle Pläne zu scheitern drohten, war ich fest entschlossen, die Stadt zu verlassen und meinen gesamten Urlaub zu nutzen, selbst wenn ich ihn alleine verbringen müsste.

Da ich meine Arbeitstage schon festgelegt hatte, konnte ich die Daten nicht mehr ändern und der Mann vom Reisebüro rief dauernd an, um mich daran zu erinnern, mein Flugticket mindestens zwei Wochen vor dem Abflug zu kaufen, um nicht einen höheren Preis dafür zahlen zu müssen. Der Freitag als Schlusstermin rückte rasch näher und ich hatte immer noch kein festes Reiseziel. Ich rief tatsächlich noch am Morgen des letztmöglichen Tages Freunde an und hoffte auf ein Wunder, das mir großartige Ferien bescheren würde.

Es war schon Mittag und mir blieben nur noch fünf Stunden, um ein Ticket zu erstehen. Also beschloss ich, meinen Freund Mike in Portland, Oregon, anzurufen. Er und seine Frau wollten schon immer, dass ich sie besuche und sie sagten seit Jahren, dass mir Portland bestimmt gefallen würde. Ich dachte, jetzt wäre die Gelegenheit, dies zu überprüfen. Schon über ein Jahr hatte ich von Mike nichts mehr gehört. Als ich ihn zu Hause anrief, meldete sich niemand. Aber gerade, als ich den Hörer wieder aufgelegt hatte, klingelte das Telefon und es war Mike! Noch ein Zufall!

Er sagte, er sei am Wochenende in Washington und würde sich gerne zum Essen mit mir treffen. Dies schien eine ideale Gelegenheit, ihm meine Pläne mitzuteilen und mit ihm mein Besichtigungsprogramm in und um Portland zu erörtern. Doch ein weiterer hoffnungsvoller Plan löste sich in Luft auf, als Mike wie nebenbei bemerkte, Portland sei wohl keine Stadt nach meinem Geschmack. Dass diese Äußerung von einer Person kam, die doch immer behauptet hatte, wie sehr mir Portland gefallen würde, verwirrte mich.

Nachdem jetzt auch Portland nicht mehr in Frage kam, musste ich ganz von vorne anfangen. Mit meinem ungelösten Dilemma kehrte ich in die Arbeit zurück, bereit zu einer schnellen, in letzter Minute erdachten Reisemöglichkeit. Als ich mein Büro betrat, konnte ich kaum glauben, was ich sah. Im ganzen Zimmer verstreut – auf meinem Schreibtisch, auf dem Boden, den Stühlen, der Tischplatte, sogar auf dem Sofa – lagen Reisebroschüren über Las Vegas in Nevada. Ich rief meine Sekretärin, um herauszufinden, wer in meinem Büro gewesen war, aber sie war ebenso überrascht wie ich. Niemand habe mein Büro betreten oder sei überhaupt auf unserer Abteilungsseite gewesen, versicherte sie mir. Da ihr Schreibtisch an dem einzigen Eingang stand, durch den man in unsere Büroräume hinein und auch wieder hinausgelangte, war es unmöglich, dass dort irgendjemand vorbeigehen konnte, ohne von ihr bemerkt zu werden.

Wir gingen zum Büro meiner Stellvertreterin. Da ihr Raum gleich neben meinem Büro lag, hatte sie vielleicht etwas mit dieser Werbeauslage zu tun oder wusste zumindest wer dafür verantwortlich war. Doch auch sie wusste von nichts und hatte ihren Raum nicht mehr verlassen, seitdem ich mit Mike zum Mittagessen gegangen war.

In der entschiedenen Absicht, das Geheimnis zu ergründen, fragte ich die Reiseveranstalter im Erdgeschoss, ob sie kürzlich Unterlagen über Las Vegas herausgegeben hätten. Sie hatten jedoch nur wenige Exemplare vorrätig und keines davon sei in den letzten Tagen weggegeben worden. Jetzt war ich völlig verwirrt. Wie nur waren all diese Reiseunterlagen über Las Vegas in mein Büro gelangt?

Schließlich sagte meine Stellvertreterin: "Warum verbringen Sie Ihren Urlaub nicht einfach in Las Vegas? Was wäre daran auszusetzen?"

Ich war nie zuvor in Las Vegas gewesen und hatte auch kein Interesse, dorthin zu fahren, aber zu diesem späten Zeitpunkt schien es meine einzige Chance zu sein. Binnen einer Stunde hatte ich ein Flugticket erworben. Zwei Wochen später befand ich mich bereits auf dem Weg in das Wüstenmekka. Wie kam ich bloß in diese Lage? Ich fühlte mich bedrückt und ein bisschen ärgerlich über die Zeitverschwendung, einen solchen Ort aufzusuchen — ganz zu schweigen vom Geld. Ich bin sicher, die Meister schmunzelten gelegentlich, wohl wissend, was mich erwartete.

Ankunft in Las Vegas

Die Dinge waren schon bizarr als ich ankam. Ich hatte einen Raum im Sands Hotel gebucht, da ich gelesen hatte, dass Ronald und Nancy Reagan immer dort abstiegen, wenn sie die Stadt besuchten. Ich wusste auch, dass Frank Sinatra und seine Freunde während ihrer Showauftritte einen Großteil ihrer Zeit dort verbrachten. Wenigstens, so dachte ich, hat das Sands eine Geschichte, die für sich spricht.

Ausgerechnet dieses legendäre Hotel hatte meine Reservierung verloren und alle anderen Hotels in der Stadt waren mit Tagungen fest ausgebucht. Nirgends mehr schien es ein annehmbares Zimmer zu geben. Da das Hotel-Management den Fehler bereinigen wollte, offerierte man mir eine große Suite zum Preis meiner Originalbuchung. Ich nahm erfreut an.

Die Räume waren – bescheiden ausgedrückt – üppig eingerichtet mit einem kompletten Wohnzimmer, einem Esszimmer, einer Küche, einem riesigen Schlafzimmer und der größten Bar, die ich jemals in einem privaten Apartment gesehen hatte. Besonders angenehm war auch die Nähe zum Hotel-Schwimmbad. Nach ein paar Tagen gewöhnte ich mich an das geräumige Apartment und fand, es sei ein großartiger Platz zum Entspannen. Das Klima war perfekt und das Essen phantastisch. Obwohl ich allein war, dauerte es nicht lange, bis mir der Aufenthalt Vergnügen bereitete.

Sightseeing in Vegas

Am dritten Tag nahm ich mir einen Mietwagen, um mehr von der Stadt und der Umgebung zu erkunden. Ich hatte gehört, dass Las Vegas die schnellstwachsende Stadt in ganz Amerika sei und wollte nun sehen, wie derlei Wachstum konkret aussah. Ich schaute bei einem Immobilienbüro vorbei, in dem Stadtpläne kostenlos angeboten wurden.

Einer der Makler fragte mich, ob ich einige Eigenheime besichtigen wolle. Ich erwiderte, dass ich absolut kein Interesse am Kauf eines Hauses hätte, sondern lediglich die Entwicklung der Stadt ansehen wolle. Er sagte, er wäre gerade auf dem Sprung, sich einige neue Bauprojekte für seine Klientel anzuschauen und wäre erfreut, wenn ich ihn begleiten würde, nur zur Gesellschaft natürlich. Er versprach mir, dass er nicht versuchen werde, mir irgendetwas zu verkaufen. Das hörte sich sehr interessant an und bald darauf waren wir unterwegs in die südöstliche Region der Stadt.

Er fuhr zu einem neuen Baugelände im Grünen Tal. Dort besichtigten wir Modellhäuser an der Ostseite eines Golfplatzes und sprachen mit dem Beauftragten des Bauunternehmers. Ich fand nichts Besonderes an der Siedlung und war schon bereit, weiterzugehen, als der Makler fragte, ob wir uns die letzte noch erwerbbare Parzelle ansehen wollten. Meine erste Reaktion war nein, aber der Makler sagte: "Jetzt sind wir schon mal hier, warum also nicht?"

Da ich nur Begleiter war, schloss ich mich an und wir fuhren zum äußersten Ende des Grundstücks. Die Mauer, die um das Landstück herumführte, war bereits fertiggestellt, mit dem Bau des Hauses hatte man allerdings noch nicht begonnen. Nur für die Leitungen waren entlang der Wasserrohre schon Gräben ausgehoben. Als wir über den eingetrockneten Schlammboden gingen, bemerkte ich einen Zementblock, den ich dicht an die Mauer rückte.

Déjà-vu beim Grünen Tal

Während die beiden Makler über den Bauplatz plauderten, stand ich auf dem Block und spähte über die Mauer. Entlang der Straße sah ich einen langen Grasstreifen mit Häusern am Ende und kahlen Hügeln auf der fernliegenden Talseite.

Ich kam ins Grübeln: "Es sieht genau so aus, wie ich es in Erinnerung habe." Augenblicklich hörte ich, wie mein logischer Verstand protestierte: "Woran erinnern? An was schon könntest du dich erinnern?"

Ich war niemals in Las Vegas gewesen, noch konnte ich mich an einen ähnlichen Platz entsinnen, den ich kürzlich besucht hatte. Ich begriff nicht, warum ich den sicheren Eindruck hatte, diese Ansicht schon einmal gesehen zu haben. "Vielleicht in einem Traum", dachte ich. Blitzartig kam es mir wieder in den Sinn: Dies war der Ausblick, den ich vor sechs Wochen in der seltsamen Vision gesehen hatte! Hier war der grüne Park und weit draußen, die ausgetrockneten Felsen der

Umgebung von Las Vegas. Es war also doch keine Phantasie, sondern ein wirklicher Ort. Ich rief mir die Worte des Meisters von jenem Tag ins Gedächtnis: "Setz dich hin, und ich werde dir zeigen, wo du leben wirst."

Ich drehte mich um und rannte auf die andere Seite des Geländes. Der Immobilienmakler dachte wohl, ich sei verrückt geworden, aber ich wollte jetzt jedes Detail nachprüfen, um zu sehen, ob alles genau so war, wie ich es gesehen hatte. Ich hörte nicht einmal mehr, was er mir zurief.

Der Grünstreifen auf der gegenüberliegenden Seite erwies sich als Golfplatz und die höher gelegenen Häuser waren Teil einer weiteren Erschließung. Ich erkannte die Straße, die Häuser, die Grünstreifen, die Hügel und auch die Kiefern im Park und die größeren Eigenheime in der Ferne. Alles entsprach meiner Erinnerung.

Schon jetzt wusste ich, dass der Ausblick nach Fertigstellung des Hauses absolut perfekt sein würde. Ich erinnere mich, den Bauunternehmer gefragt zu haben, welche Ausrichtung das Haus haben würde. Als das Stichwort Osten fiel, wusste ich, dass ich dieses Grundstück kaufen musste. Obwohl ich keine Ahnung hatte, warum eine östliche Ausrichtung wichtig war, hatte ich doch nicht vergessen, dass der Meister es besonders hervorgehoben hatte.

Als wir zum Büro des Bauunternehmers zurückgingen, war ich noch etwas durcheinander und fragte mich, was dies alles zu bedeuten habe. Ich dachte darüber nach, wie es dem Meister gelungen war, mich nach Las Vegas und dann gleich beim ersten Halt auf der Tagestour zu diesem Haus zu führen, ohne dass ich auch nur den geringsten Verdacht schöpfte. Es schien unmöglich, aber es war geschehen. Offensichtlich war alles akribisch geplant und alles passte perfekt zusammen. Hatte dies vielleicht mit meinem Versprechen zu tun, das ich Maitreya gegeben hatte?

Ich werde Hauseigentümer

Nun hatte ich eine Entscheidung zu treffen. Wie sollte ich mich beim Thema Haus verhalten? Ich sah keine Möglichkeit in absehbarer Zukunft nach Las Vegas zu ziehen. Ich hatte einen Job in Washington. Wenn ich meine Arbeit jetzt aufgeben würde, blieb mir kein Einkommen, von dem ich hätte leben können. Wenn mir der Bauunternehmer jedoch bei einer kleinen Anzahlung bis zur Fertigstellung ein Vorkaufsrecht einräumen würde, könnte ich zusagen.

Meiner Einschätzung nach würden bestimmt noch weitere sechs Monate bis zum kompletten Abschluss der Bauarbeiten verstreichen und ich könnte derweil eine Entscheidung treffen, ob ich das Haus wirklich kaufen wollte. So bliebe mir auch noch etwas Zeit, um herauszufinden, was die Meister vorhatten.

Der Immobilienhändler, der davon ausging, ich wolle sofort weiterfahren, war geradezu schockiert, dass ich gleich das erstbeste Haus, das ich besichtigt hatte, kaufen wollte. Er bestand auf einem Rundgang zu anderen Häusern und ich verstand seine Beweggründe vollauf. Da ich ihm nichts von meiner visionären Vorausschau gerade dieses Hauses erzählen wollte, spielte ich das Spiel mit und schaute mir die nächsten zwei Tage mehrere Häuser an, um ihm zumindest das Gefühl zu geben, dass er seine Arbeit verantwortungsvoll erledigte.

Bei meiner Rückkehr in Washington, waren die Kollegen über mein ungewohntes impulsives Verhalten bestürzt. Es war ihnen völlig unbegreiflich, warum ich so weit weg von Washington leben wollte. Doch ich konnte ihnen die außergewöhnlichen Umstände nicht erklären.

Die nächsten sechs Monate verflogen und das Haus wurde planmäßig fertiggestellt, aber nichts war geschehen, um meinen Umzug zu ermöglichen. Nun musste ich in gutem Glauben eine wichtige Entscheidung treffen. Ich dachte mir, wenn die Meister tatsächlich wollen, dass ich in Las Vegas lebe, würden sie einen Weg finden, dies geschehen zu lassen. Alles was ich zu tun hatte, war, das Haus zu kaufen.

Warten auf ein Wunder

Ich erledigte meinen Anteil. Ich ließ die Anwälte die Unterlagen in mein Büro senden. Ich unterzeichnete und schickte sie zurück und wurde somit Hauseigentümer. Es gab keine Feier, nur die bohrende Frage, ob ich das Richtige getan hatte, zumal ich jetzt mein Haus in

Washington verkaufen musste. Es war unglücklicherweise eine Zeit, in der die Grundstückspreise innerhalb der Großstadt rapide zusammenbrachen. Obwohl dies ein schlechter Moment für den Verkauf war, gab es für mich keine Wahl. Ich hoffte immer noch, dass sowohl meine Überlegungen als auch mein Vertrauen richtig und angemessen waren. Wie würden die Meister mir helfen, diese Situation in den Griff zu bekommen?

Wer nach Zeichen sucht ...

"Wer nach Zeichen sucht, der wird sie finden,
doch meine Methode der Offenbarung ist viel einfacher."
—Maitreya

"Er wird die Welt mit Ereignissen überfluten,
die der Verstand niemals begreifen kann."
—Maitreyas Mitarbeiter

Die Monate flossen dahin und ich hatte immer mehr den Eindruck, dass das Haus, das ich in Las Vegas gekauft hatte, in Wirklichkeit von einem Meister ausgesucht worden war. Ich sah mich aber auch mit der Tatsache konfrontiert, dass ich jetzt zwei Häuser und zwei Hypotheken hatte. Ich arbeitete immer noch in Washington, ohne erkennbaren Weg, aus dem Amt zu scheiden und besaß gleichzeitig auch nicht die finanziellen Voraussetzungen, ohne einen Job überleben zu können. Nachdem ich nun unter so merkwürdigen Umständen ein neues Zuhause gefunden hatte, zog ich zu Freunden und wartete ganz einfach auf das nächste Wunder. Ich musste unbedingt die Hypothek in Washington abstoßen, aber es war kein Käufer in Sicht. Nicht ein einziger Immobilienhändler hatte mich aufgesucht!

Im Juni 1996 schlugen Freunde vor, eine kleine Baptistenkirche bei Knoxville in Tennessee zu besuchen, an deren Fenster seltsame "Lichtkreuze" erschienen waren. Jede Nacht, so wurde berichtet, versammelten sich die Leute dort, um dieses schillernde Schauspiel zu sehen. Ich war gerade in der richtigen Stimmung für ein Wunder und so setzten wir uns ins Auto und fuhren nach Knoxville.

Lichtkreuze

Zum ersten Mal las ich in der Zeitschrift *Share International* [1] über dieses mysteriöse Phänomen. Dort hieß es, dass erstmals in der *Pasadena Star News* vom 27. Mai 1988 über Lichtkreuze berichtet wurde. In El

Monte, Kalifornien, war in der Wohnung einer lateinamerikanischen Familie ein solches Kreuz im Badezimmerfenster erschienen.

Später wurde auch in anderen Gegenden der Welt von Lichtkreuzen berichtet. Gewöhnlich erscheinen sie in privaten Häusern und Tausende von Menschen pilgern dorthin, um sie zu sehen. Viele Kranke, so hieß es, seien geheilt worden. Am meisten aber haben mich die Lichtkreuze in den Fenstern der Baptistenkirche von Copper Ridge in Knoxville beeindruckt. Die Geschichte dieser besonderen Kreuze wurde im Januar 1996 durch eine Fernsehreportage auf CBS bekannt.

Die kleine Kirche ist mehr als 135 Jahre alt, doch leider hat sie heute nur noch 14 ordentliche Mitglieder. Im November 1995 beschloss der Geistliche der Baptistenkirche, Reverend Joe Bullard, sich aus seinem kirchlichen Amt zurückzuziehen.

Als er und seine Frau Mildred eines Abends, Anfang November, an der Kirche vorbeifuhren, sahen sie mit Staunen, dass ein strahlend weißes Licht das ganze Gebäude umgab. Sie interpretierten es als Zeichen, dass sie der Kirche treu bleiben sollten. Als Bullard am achten November die Sonntagspredigt hielt, bemerkte er, wie sich eigenartige Lichtstrukturen in den Fenstern bildeten. Das erste Lichtkreuz erschien.

Die ungewöhnliche Erscheinung wird durch eine Lichtquelle erzeugt, die sich durch ein spezielles Glas bricht, das man gewöhnlich in Badezimmerfenstern vorfindet. In einer Raute aus Licht bildet sie ein holographisches Abbild eines gleichschenkligen Kreuzes. Man könnte fast meinen, das Bild sei in dem Luftbereich zwischen Glas und Licht „aufgehängt". Als Lichtquelle dient gewöhnlich eine Glühbirne, es kann aber auch eine Kerze, ein Straßenlicht, die Sonne oder der Mond sein.

Bald fand Reverend Bullard heraus, dass seine Kreuze sowohl am Tage als auch in der Nacht zu sehen waren. Lichtquellen innerhalb und außerhalb der Kirche ließen in jedem Fenster Kreuze erscheinen. Besonders rätselhaft war ein Bild in einem der hinteren Fenster, in dem fünf goldene Lichtzeichen den Namen JESUS ergaben.

Schon kurze Zeit nach Entdeckung der Kreuze sprachen sich einige Mitglieder der strenggläubigen Gemeinde dagegen aus, die Kirche für die Öffentlichkeit zu öffnen. Reverend Bullard jedoch war davon überzeugt, dass die Lichtkreuze Zeichen Gottes seien und die Menschen zu heilen vermochten. Daher bestand er darauf, die Kirche für alle zu öffnen.

In einem Interview mit dem *Share International*-Reporter Buddy Piper, erinnerte sich Reverend Bullard an weitere unerklärliche Vorkommnisse, die sich seit dem Erscheinen der Kreuze ereignet hatten.[2]

"Die Mitglieder des Kirchenvorstands und ich erhielten einige seltsame Bestätigungen, dass hier wirklich etwas Besonderes vor sich geht. Als wir eines Nachts, noch bevor Besucher kamen, in der Kirche saßen, sahen einige von uns auf der gegenüberliegenden Seite einen großen Mann mit einem Turban, der plötzlich dort aufgetaucht war und nun langsam an der Mauer entlang nach vorn ging. Seine Gestalt war absolut menschlich. Dann erschienen zwei weitere Personen, deren Gestalt leicht verschwommen war und ihm folgten. Alle paar Schritte drehte sich der letzte in der Reihe für einen kurzen Augenblick um und winkte uns freundlich zu.

Im vorderen Teil der Kirche angekommen, machten sie wieder kehrt. Wir hatten natürlich erwartet, dass die zwei letzten jetzt auf dem Rückweg vorangingen, aber der erste Mann war wiederum vorne und die beiden anderen folgten ihm wie zuvor. Nachdem sie das dreimal getan hatten, verschwanden sie. Das hat einige unserer Gemeindemitglieder so beeindruckt, dass sie heute noch davon erzählen!

Und dann hatte ich noch ein Erlebnis: Ich musste eines Nachts ins Badezimmer und auf meinem Weg zurück ins Bett erschien mitten im Raum ein kleines Kreuz und ich hörte eine Stimme sagen: ‚Halte die Kirchentüren geöffnet und es wird nicht mehr lange dauern, bis ich wiederkehre.' Ich fragte: ‚Wer bist du?' Daraufhin verschwand das Kreuz samt Stimme. Einen Moment lang glaubte ich, den Verstand zu verlieren."

Viele Leute berichteten von Heilungen; einige erklärten, sie hätten "Engel" gesehen. Andere sahen auf einer Fensterbank seltsame Markierungen, die aussahen wie fest eingestanzte Fußabdrücke von Engeln. Tausende von Besuchern erklärten, sie hätten Wunder erlebt, während sie die Kreuze betrachteten.

Mein eigenes Tennessee-Wunder

Als ich an diesem Abend im Juni 1996 die Kirche aufsuchte, sah ich zu meinem Erstaunen, dass die Kreuze am Tag weiß und in der Nacht golden leuchteten. Ich bemerkte auch, dass sie nicht die Form eines christlichen Kreuzes oder Kruzifixes hatten, sondern eher "gleich-schenklig" waren – ein Symbol für das Wassermann-Zeitalter – und sich daher an alle religiösen wie auch nicht religiösen Menschen richteten. Als ich in der Kirche stand und durch die Fenster schaute, schienen die Kreuze, die zwischen dem Fenster und der als Lichtquelle dienenden Straßenlampe schwebten, neun Meter oder noch höher zu sein.

Lange sprach ich mit Reverend Bullard, der mir ausführlich von den Kreuzen und allen damit verbundenen Wundern erzählte. Als wir die Kirche verlassen wollten, fragte er mich: "Brauchen Sie auch ein Wunder?"

Ich entgegnete: "Ja, ich könnte tatsächlich eins gebrauchen, ich muss einen Käufer für mein Haus in Washington finden."

Bullard führte mich zu einem großen Buch und erklärte, dass die Bitten von vielen Besuchern beantwortet wurden, nachdem sie sie hier in diesem Buch eingetragen und mit ihrem Namen unterzeichnet hatten. Er wisse dies, weil viele ihm danach geschrieben hätten, dass ihre Bitten auf wundersame Weise erhört worden seien. Ich sah keinen Grund, nicht um ein Wunder zu bitten und fügte meinen Namen hintenan.

Am Sonntagmorgen fuhren wir zurück nach Washington. Als ich am späten Nachmittag zu Hause ankam, erhielt ich einen Anruf von meinem Immobilienhändler. Er erzählte mir, dass ein Wunder geschehen sei. Während ich mich auf der Rückreise befand, hatte nicht nur *ein* Ehepaar mein Haus besichtigt, sondern gleich drei Ehepaare waren da gewesen. Alle drei wollten es sofort kaufen. Ich war verblüfft, hatte ich doch erst in der Nacht zuvor um ein Wunder gebeten.

Ich verkaufte das Haus an das Paar, das bar zahlen wollte. Dann packte ich meine persönlichen Habseligkeiten, einschließlich meiner Möbel und verschickte alles nach Las Vegas, wo mein neues Haus – zwar fertig aber leer – auf mich wartete. Ich flog nach Las Vegas, veranlasste die notwendigen Vorkehrungen für den Haushalt, verschloss die Türen und kehrte nach Washington zurück. Fast alles, was ich besaß, war nun in Las Vegas — nur ich nicht.

Im August 1996 wohnte ich noch bei Freunden und ging wie gewöhnlich zur Arbeit. Glücklicherweise tolerierten sie meine eigentümliche Entscheidung und setzten meinem Aufenthalt keine Grenzen. Ich wusste nicht, wie lange ich mit diesen Vereinbarungen leben würde, war aber immer noch zuversichtlich, zur rechten Zeit nach Las Vegas umziehen zu können.

Weitere Zeichen von Maitreyas Gegenwart

Bedauerlicherweise war es die Kirchengemeinde von Knoxville leid, fortwährend so viele Besucher zu bekommen und ergriff schließlich strenge Maßnahmen. Man entließ Reverend Bullard vorzeitig aus seinem Amt und vernagelte die Kirchenfenster, entfernte sie dann sogar und beendete damit eine der außergewöhnlichsten Bekundungen einer göttlichen Intervention, die ich je kennen gelernt habe. An vielen anderen Orten in der Welt wird den Lichtkreuzen gebührende Aufmerksamkeit geschenkt. Bis heute verbreiten sie ihre Heilenergie an Tausende von Menschen, die dorthin pilgern, um die Kreuze zu sehen.

Ich glaube fest daran, dass Maitreya und die Meister der Weisheit weltweit solche Wunder schaffen, um in der Menschheit das Bemühen und die Erwartungshaltung für eine "weitere Offenbarung" zu wecken; sie wird stattfinden, sobald wir die notwendige Bereitschaft zeigen. Maitreya sieht von seiner alles überschauenden Warte aus, dass die Menschen jetzt bereit sind und die Zeit für sein Erscheinen reif ist.

Woche um Woche erreichen uns neue Nachrichten von unerklärlichen Phänomenen, die sich überall auf der Welt ereignen. Das Ausmaß dieser Berichte hat amerikanische Nachrichtenagenturen dazu veranlasst, Umfragen durchzuführen und darüber zu schreiben. Ihre

Artikel, einschließlich Titelgeschichten, tragen Überschriften wie: "Auf der Suche nach den Heiligen", "Die Botschaft der Wunder", "Das neue Zeitalter der Engel", "Glauben Sie an Wunder?", "Der Fall der weinenden Madonna", "Warten auf den Messias", und "Die Bedeutung von Maria". Millionen von Menschen können sich heute auf ihr eigenes persönliches Wunder berufen und sogar in wissenschaftlichen Kreisen nimmt man diese Ereignisse ernster. Allmählich begreifen die Menschen, dass diese Fülle von Wundern das Werk einer Macht oder Gewalt sein muss, die jenseits des Alltäglichen liegt.

Kurz bevor sich diese Phänomene im Jahre 1988 zu häufen begannen, veröffentlichte die Zeitschrift *Share International* folgende Aussage: "Maitreya wird die Welt mit Ereignissen überfluten, die der Verstand niemals begreifen kann." [3]

Es gibt so viele Meldungen über diese wundersamen Ereignisse, dass es ein dickes Buch füllen würde, um dem Thema gerecht zu werden. In diesem Kapitel kann ich mich nur auf einige wenige dieser Wunder-Geschichten beschränken. Ich möchte jedoch darauf hinweisen, dass diese Wunder universal sind, das heißt in der ganzen Welt geschehen. Sie sind nicht nur in allen bekannten religiösen Gemeinschaften der Welt aufgetreten, sondern ebenso auch außerhalb von religiösen Gemeinschaften. Lassen Sie uns einige der Wunder näher betrachten.

Milch trinkende Götterstatuen der Hindus [4]

Im Herbst 1995 war die Welt der Hindus in Aufruhr, weil Statuen des Elefantengottes Ganesha die dargebotene Milch "tranken". Es ist ein üblicher religiöser Brauch bei den Hindus, einer Statue, die einen Aspekt Gottes repräsentiert, einen Löffel mit Milch anzubieten. Am 21. September jedoch verhielten sich die Statuen aus Marmor und Bronze höchst ungewöhnlich.

Das Wunder ereignete sich erstmals in einem Tempel am Stadtrand von Neu-Delhi in Indien. Die Milch, die einer Ganesha-Statue dargeboten wurde, verschwand plötzlich vom Löffel. Berichte von dem Wunder gingen um die ganze Welt. Hindu-Tempel in Indien, England,

Nordamerika, Singapur, Hongkong, Australien und anderswo melde-
ten bald das gleiche mysteriöse Phänomen.

Weltweit strömten die Gläubigen in die Tempel, um mit eigenen
Augen zu sehen, dass die Götterfiguren in der Tat Milch tranken. Bald
wurde die Milch in Indien knapp und die Polizei musste herbeigerufen
werden, um die Massen unter Kontrolle zu halten. Durch die Berichterstattung von CNN aufmerksam geworden, berichteten bald auch
Tempel in Los Angeles, San Francisco und New York, dass ihre Ganesha-
Figuren ebenfalls Milch tranken.

Es entwickelte sich zu einem globalen Ereignis, über das die Medi-
en eifrig berichteten. Journalisten wurden fast schon ehrfürchtig, als
sie selbst erlebten, wie die Götterstatuen aus ihren mit Milch gefüllten
Löffeln tranken. Skeptiker hielten es für einen riesengroßen Schwindel. Doch ein indischer Unternehmer erklärte einer Nachrichtenagentur gegenüber: "Es kann kein Schwindel sein. Wohin sollte denn die
Milch verschwinden?"

Trotz der Beweislage weigern sich einige Leute hartnäckig, an ein
Wunder zu glauben. Unter den Hindus aber schuf das Fünf-Tage-Phä-
nomen die Hoffnung und Erwartung, dass sich bald etwas Positives
und Bedeutendes in der Welt ereignen würde. Vedische Gelehrte machten sich an die heiligen Schriften und fanden jahrtausendealte Hinweise, dass Milch trinkende Statuen eines der Zeichen seien, dass "eine
Große Seele herabgestiegen ist".

Erscheinungen der Gesegneten Jungfrau

In den letzten Jahren wurden immer wieder Marienstatuen entdeckt,
die Tränen weinten, Blut oder duftende Öle absonderten. Auf Bäumen, Gebäuden und anderen Oberflächen erschienen Bilder der Jungfrau Maria; viele Erscheinungen von Heiligen und Engeln wurden do-
kumentiert. Diese Berichte werden den meisten Christen bekannt sein
und ganz bestimmt denen römisch-katholischen Glaubens.

Die internationale Zeitschrift *Time* brachte zum Jahresende 1991
die Titelgeschichte: "Die Suche nach Maria". Darin wird die weltweite
Wiederbelebung des Glaubens an die Jungfrau Maria, wie auch die

Berichte über ihre zunehmenden Erscheinungen während der vergangenen Jahre, analysiert. Die traditionellen Erscheinungsorte wie Lourdes in Frankreich, Fatima in Portugal und Guadalupe in Mexiko gehören zu den bekanntesten. In den vergangenen 20 Jahren haben jedoch auch einige neue Orte Schlagzeilen gemacht. So vor allem das Dorf Medjugorje in Bosnien, wo eine Gruppe von Kindern seit 1981 tägliche Unterredungen mit der Gottesmutter hatte.

In Amerika wurde Maria viele Male gesehen; unter anderem ist die Rede von einer leuchtenden Erscheinung, die jeden Morgen auf den blauen Kacheln einer Kirche in Santa Ana in Kalifornien zu sehen ist. Auch nach Clearwater in Florida pilgern die Menschen. Sie kommen, um ein schillerndes Bild der Jungfrau zu sehen, das sich über zwei Stockwerke erstreckt und die verglaste Front eines Bürogebäudes bedeckt. Das Bild kann nicht entfernt werden, es hat sich sogar *von selbst* erneuert, nachdem die Glasoberfläche von Vandalen mit Chemikalien verunstaltet worden war.

Maria wird auch weinend gesehen. Manchmal ist es ein Gemälde oder eine Ikone, aber häufiger sind es Statuen, die Tränen aus Blut, Wasser oder Öl weinen. Diese Flüssigkeiten werden auf Baumwoll- oder Kleidungsstücken gesammelt; man sagt, sie haben die Fähigkeit, Krankheiten zu heilen. Eine dieser weinenden Statuen findet man mitten in Las Vegas in Nevada.

Las Vegas, Nevada — 1993

Die weinende Jungfrau von Las Vegas ist vielleicht nicht so bekannt wie einige andere Marienphänomene, aber sie ist ein Beispiel für eine Statue in Privatbesitz, die an besonderen Feiertagen weint.[5] Sie ist eine Nachbildung der Statue von "Unsere Frau von Guadalupe" in Mexiko und gehört einer spanischen Familie in Las Vegas. Sie ist in einem Familienschrein untergebracht, den die Familie eigens für sie im Hinterhof errichtete.

Am 31. Mai 1993 weinte die Statue zum ersten Mal. Der örtliche CBS-Fernsehsender schickte ein Kamerateam, das das Ereignis filmen sollte. Um zu beweisen, dass kein Schwindel dahinter steckt, wurde die

Statue zunächst von ihrem Sockel entfernt. Doch sobald man sie wieder auf den Sockel hob, weinte sie – wie bestellt – für das Kamerateam. Auf Wattebauschen wurden die Tränen gesammelt und unter den Gläubigen verteilt, die schon bald entdeckten, dass die Tränen wundersame Kräfte hatten. Viele erklärten, von verschiedenen Krankheiten – einschließlich Krebs – geheilt worden zu sein. Die Tränen aber sind nicht das einzige Wunder der Madonna von Las Vegas. Zu ihren Füßen befindet sich noch eine kleine Engelsbüste, die regelmäßig aus Gesicht und Haar ein wohlriechendes, nach Rosen duftendes Öl absondert.

Im Oktober 1993, während 32 Menschen in Andacht vor der Statue niederknieten, ereignete sich ein weiteres Wunder. Es war ein sehr windiger Tag. Mit einem Mal aber wurde es windstill und die Wolkendecke brach auf. Mitglieder der Betgruppe sahen, wie sich das Bildnis der Madonna aus Guadalupe am Himmel bildete. Die gleißenden Strahlen der Sonne schufen eine gezackte goldene Aura — ein für die Statuen typisches Merkmal. Am 12. Dezember 1993 weinte die Madonnenstatue von Las Vegas zum zweiten Mal. Es war der Gedenktag an "Unsere Frau von Guadalupe" und der Jahrestag ihrer Erscheinung vor Juan Diego, einem armen Azteken.[6]

Ein weiteres Wunder in diesem Zusammenhang ereignete sich am 25. September 1995. Während dieser Begebenheit weinte die Madonna nicht nur Tränen, sondern auf ihrer Stirn bildete sich ebenfalls ein gleichschenkliges Kreuz, das wie eine erhöhte Narbe aussah.

Dennoch bezeichnete der Bischof von Las Vegas dieses örtliche Phänomen als eine Täuschung. Die katholische Kirche wird bei solchen Fällen immer mehr von Furcht geplagt — weiß sie doch nicht, wie sie auf die zunehmenden Marienwunder reagieren soll. Diejenigen aber, die durch diese Statue die Anwesenheit und Heilung der Gottesmutter erfahren haben, brauchen keine formelle Bestätigung mehr.

Der Name Allahs — 1997

Für Muslime ist Allah der Name Gottes. Umso ehrfurchterweckender war es deshalb, als dieser Name auf mysteriöse Weise in arabischer Schrift auf Eiern, Bohnen und sogar in Gemüse erschien, das in muslimischen Häusern zum Verzehr bereitet wurde.[7] Als man in London eine Aubergine aufschnitt, formten die Kerne das arabische Schriftbild für *Ya-Allah* — "Allah existiert".

In den Niederlanden bemerkte der Gemüsehändler Michael Güçlü, dass die Eier, die er auf dem Markt eingekauft hatte, unförmige Schalen aufwiesen. Bei näherer Betrachtung schienen diese Unregelmäßigkeiten die arabischen Schriftzeichen für Allah zu ergeben. Güçlü suchte einen Freund auf, der die Schrift besser lesen konnte. Sie entdeckten, dass die Erhebungen auf den Eierschalen folgende Botschaft geformt hatten: "Es gibt nur einen Gott, Allah, und Mohammed ist sein Prophet." Die Männer brachten die Eier zur örtlichen Moschee, um sie dem Imam zu zeigen. Alle Anwesenden bestätigten die Interpretation der Schriftzüge als authentisch.

Einige Tage nachdem Güçlü die ungewöhnlichen Eier gekauft hatte, sortierte er Bohnen. Dabei entdeckte er, dass genau 500 Gramm den Namen Allah trugen. Er übergab die Wunderbohnen einer Moschee, wo man sie kochte und mit den Gemeindemitgliedern teilte. Von diesem Pfund Bohnen wurden mehr als 40 Personen satt und es blieben immer noch Bohnen übrig. In einem Artikel in der Zeitschrift *Share International* hatte der Imam erklärt: "Wir konnten so viel auftragen, wie wir wollten, der Vorrat ging nicht aus."

Aus verschiedenen Teilen der islamischen Welt, wo Statuen und Abbildungen verboten sind, gibt es Berichte, wonach der Name Allah nicht nur auf Früchten und Gemüse, sondern selbst auf dem Bauchfell von Lämmern und Ziegen erschien.

Weiße Büffel — 1994

Ähnlich wie für die Christen die Lichtkreuze und die weinenden Madonnenstatuen, ist für die Eingeborenen Nordamerikas die Geburt des lang ersehnten weißen Büffels ein Zeichen vom Großen Geist. Es ist nicht nur ein gutes Omen, sondern sogar das wichtigste prophetische Zeichen. Die Chancen für eine solche Geburt stehen eins zu sechs Millionen. Doch in den letzten zehn Jahren sind gleich vier solche Kälber zur Welt gekommen. Für die amerikanischen Ureinwohner ist das ein Symbol dafür, dass die weiße Büffelkalbfrau zurückkehrt. Sie ist eine legendäre Gestalt, die schon einmal kam, als die Menschen große Not litten. Vor ihrem Weggehen versprach sie, wiederzukommen, sobald die Welt sich erneut in einer Krise befinde. Sie will dann alle Rassen zu einem Treffen aufrufen, um die Erde zu heilen und unsere gemeinsamen Probleme zu lösen.[8] Einige glauben, dass sich die Prophezeiung bereits erfüllt hat und die Büffelkalbfrau schon gesehen wurde. Man sagt von ihr, dass sie ähnlich wie die Meister, in unterschiedlicher Gestalt auftritt.

Rotes Kalb — 1997

In Israel wird die Geburt eines roten Kalbes von einigen Juden als Zeichen Gottes gepriesen, dass der Messias nahe ist. Das rostfarbene Kalb gehört zu einer Art, die man seit Jahrhunderten für ausgestorben hielt. Die neunte Geburt eines solchen Tieres hat in Israel angeblich im Jahre 70 n. Chr. stattgefunden. Nach Angaben des jüdischen Philosophen Maimonides aus dem zwölften Jahrhundert, soll das zehnte und letzte rote Kalb vom Messias selbst entdeckt werden.[9]

Buddha-Bildnisse — 1987 bis 2000

Ein Bild des Bodhisattva oder zukünftigen Buddha erschien 1987 – ähnlich dem Phänomen der Lichtkreuze – in einem Fenster in der Stadt Nagano in Japan. Es verbreitete regenbogenfarbenes Licht. Bald darauf folgte ein zweites Bildnis auf einer Wand. Auf dieser Darstellung waren die Augen Buddhas deutlich sichtbar: Er trug einen spitzen Hut, hielt einen Wasserkrug und saß auf einer Lotusblüte. Ein drittes Bild des Kommenden erschien 1989 an einer anderen Wand des gleichen Hauses. Obwohl es solide aussah, schien es sich von der Wand wegzubewegen. Die Bilder haben Hunderte von Menschen zu der heiligen Stätte hingezogen. Viele von ihnen berichten über physische und psychische Heilung.

Die Hausherrin selbst hatte plötzlich die Fähigkeit, Krankheiten zu diagnostizieren und zu heilen. Sie kündigte daraufhin an, den Rest ihres Lebens damit verbringen zu wollen, anderen Menschen zu helfen.[10] 1999 wurde berichtet, dass eine Statue des Shakyamuni-Buddha in Lhasa, Tibet, echte Perlen weinte. Die Augenzeugen waren zutiefst gerührt von dieser Statue, die immer wieder Perlentränen weinte. Man sagte, dass Maitreya die Perlen manifestiert habe.[11]

Als ein Flugreisender im Jahr 2000 über Nara, Japan, einen Sonnenuntergang aufnahm, war nach der Entwicklung auf dem Foto nicht der Sonnenuntergang zu sehen, sondern ein beachtenswertes Bild von Kannon, der Göttin des Mitgefühls. Die ehrerbietige, religiöse Gestalt der Kannon (oder Quan Yin im Chinesischen) ist für den Buddhismus, was die Gottesmutter Maria für die Katholiken ist und wird in nahezu jedem Haus in Japan und China verehrt. Der Legende nach ist Kannon ein erleuchteter Bodhisattva oder werdender Buddha, der sich entschieden hat, menschliche Form anzunehmen, bis alle Menschen Erleuchtung erlangt haben.[12]

An der Schwelle zu einer neuen Offenbarung

Indem er ihnen vertraute heilige Bilder, Gegenstände und Symbole zeigt, hat Maitreya meines Erachtens einzigartige Wege gefunden, den Menschen aller Glaubensrichtungen eine Botschaft der Hoffnung zu überbringen und sie für sein unmittelbar bevorstehendes Erscheinen vorzubereiten.

Für diejenigen, die daran glauben, dass er in dieser äußerst wichtigen Zeit in der Geschichte der Menschheit kommen wird, um uns zu befreien und uns eine neue, bessere Lebensweise zu zeigen, sind diese Wunder nur eines der vielen Zeichen, dass seine Ankunft mit jedem Tag näher rückt. Ungeachtet ihrer Glaubensbekenntnisse oder Überzeugungen ersehnen und erwarten die Menschen heute in irgendeiner Form eine neue und grundlegende Offenbarung der Wahrheit. Die Wunder beleben die Erwartungshaltung und den Geist der Vorfreude wieder neu.

Trotz der offensichtlichen Unzulänglichkeiten der Menschheit, erklärte Maitreya, dass wir bereit seien, positiv auf seinen Ruf zu reagieren. In zahlreichen Botschaften, die er der Welt gegeben hat, drückt er seine Zuversicht aus, dass wir seine Führung akzeptieren werden und die Bereitschaft, wie auch die Begeisterung aufbringen, unsere Welt zum Besseren zu verändern. Dieses Mal wird der Christus das gesamte Wassermann-Zeitalter, das sind etwa 2.150 Jahre, als Freund und Lehrer bei uns bleiben und offen unter uns wirken. Er wird uns zeigen, wie wir als Brüder und Schwestern zusammenleben können, indem wir die Ressourcen der Erde teilen.

Wir stehen heute vor einer neuen Offenbarung, die wir ohne Entstellung und Fehldeutungen anderer *direkt* vom Lehrer selbst erhalten. Entgegen der Auffassung mancher glaube ich, dass wir uns am Leben auf diesem Planeten erfreuen dürfen und Maitreya uns zeigen wird, wie wir die größtmögliche Erfüllung unseres göttlichen Erbes erlangen können. Lassen Sie uns daher bewusst, aufmerksam und bereit für seinen Aufruf zum Handeln sein.

Der Meister in Medjugorje

"Die Seherin Vicka verspricht, dass in der ganzen Welt
wundersame Spontanheilungen geschehen werden,
sobald sich das versprochene ‚bleibende
Zeichen' in Medjugorje zeigt."
—Die Visionen der Kinder

"An dem Tag [der Erklärung] ... werden weltweit
Hunderttausende von wundersamen Heilungen erfolgen."
—Benjamin Creme

Die faszinierende Geschichte von Medjugorje hörte ich erstmals bei einem Vortrag von Janice T. Connell, Autorin zahlreicher Bücher über die Wunder und Lehren der Gottesmutter Maria in Medjugorje.[1] Janice befreundete sich mit den Seherinnen und machte mit ihnen und ihren Familien zahlreiche Interviews. Im Laufe der Jahre lernten Janice und ich uns immer besser kennen und ich nahm an vielen ihrer öffentlichen Veranstaltungen teil, an denen sie über die Bedeutung der Ereignisse in Medjugorje sprach und über deren Einfluss auf die Welt.

Sie verehrt Maria[2] auf eine Weise, die vielleicht nur wenige von uns in ihrem ganzen Ausmaß verstehen werden. Man könnte wirklich sagen: Janice hat eine eigene, besondere Beziehung zu der Mutter Gottes. Obwohl sie sich scheut, darüber zu sprechen, haben viele Leute außergewöhnliche Erfahrungen auf ihren Vorträgen gemacht.

Zeichen für die Anwesenheit eines Meisters

Medjugorje ist ein vorzügliches Beispiel dafür, wie die Meister einen Brennpunkt schaffen, um die Menschen erwartungsvoller und empfänglicher für die kommenden Ereignisse zu machen. Viele dieser wundersamen Begebenheiten haben weltweit dazu beigetragen, Millionen Katholiken von Vorurteilen zu befreien und sie in einer Weise, die sie verstehen und annehmen können, auf die Ankunft von Maitreya, dem Christus, vorzubereiten.

Seit 1981 haben die Botschaften aus diesem kleinen bosnischen Dorf eine gewaltige Wirkung auf einen großen Teil der westlichen Christenheit gehabt und gaben ihr, wie sonst kein anderes Ereignis seit den Erscheinungen von Fatima, enormen Auftrieb. Jahrelang soll mehr als 3.500 Mal das Bildnis einer wunderschönen Frau erschienen sein.

Einige halten die Geschehnisse von Medjugorje für die wichtigsten in der Geschichte der katholischen Kirche seit dem Pfingstfest vor 2000 Jahren. Sogar der Papst hat sich positiv zu den Botschaften geäußert, die die Seherinnen von der Gottesmutter erhielten.

Millionen Pilger, darunter Christen und Nichtchristen, Religiöse und Nichtreligiöse, haben dieses abgelegene Dorf inzwischen besucht. Mit eigenen Augen wollten sie den Ort sehen, von dem so viel über wundersame Heilungen berichtet wurde und wo manch einer den inneren Frieden fand, der ihm bisher in seinem Leben versagt geblieben war. Was auch immer die Pilger in Medjugorje fanden, nur wenige wurden bei ihrem Besuch enttäuscht.

Die Botschaften Maitreyas und der Gottesmutter ähneln sich

Nachdem ich einige von Maitreyas Lehren[3] gelesen hatte, verglich ich sie mit den Botschaften Marias. Beide Quellen geben beachtliche Einblicke — sowohl in unsere sich wandelnde Zeit wie auch in das sich entwickelnde geistige Verstehen. Obgleich durch die Unterschiede in der Terminologie verschleiert, teilen sie nahezu identische Ansichten.

Die durch die Seherinnen übermittelten Botschaften von Medjugorje richten sich in erster Linie an Christen, da sie Worte enthalten, die den Christen vertraut sind. Sie sprechen eine Zuhörerschaft an, die Gott durch die Ausdrucksweise der Religion versteht. Die Gottesmutter spricht oft über das Teilen und das Erkennen Gottes in uns. Wenn sie eine vordringliche Botschaft hat, so liegt ihr Schwerpunkt auf Gebet, Fasten, einem vollkommenen Vertrauen in Gott und Furchtlosigkeit.

Maitreyas Botschaften richten sich an alle Menschen auf der ganzen Welt, ob sie religiös sind oder nicht; er verwendet die Sprache der Philosophie, der Psychologie und der Wissenschaft. Wenn Maitreya eine Botschaft hat, die man als seine "Erkennungsphilosophie" bezeichnen könnte, so lautet sie: "Sei wer du bist" und pflege "Ehrlichkeit im Denken, Aufrichtigkeit im Geist und innere Gelassenheit".

Sowohl die Worte der Gottesmutter als auch die von Maitreya erscheinen einfach; sie vermitteln jedoch grundlegende Wahrheiten, die sich auf jeder Ebene menschlichen Verstehens anwenden lassen.

Wir alle sind seit unserer Geburt durch unsere Erfahrungen konditioniert und können daher nicht erwarten, dass jeder die Welt in gleicher Weise sieht oder die gleichen Schlüsse aus den Lehren zieht. Glücklicherweise stellen die Meister ihre Weisheit in unendlich vielfältigen Formen zur Verfügung und wir werden nur gebeten, das anzunehmen, was glaubhaft für uns klingt.

Nachfolgend einige Beispiele ähnlicher, wenngleich in unterschiedlichen Begriffen ausgedrückter Sichtweisen und dazu die Erklärungen der Seherinnen selbst.

Transformation und Selbsterkenntnis

Zur Bedeutung von Transformation sagte eine Seherin: "Transformation ist die Erkenntnis, dass wir Tag und Nacht im Angesicht Gottes leben" [4]. Mit anderen Worten: Wenn wir erkennen, dass Gott in uns ist, werden wir transformiert. Eine andere Seherin sagte: "Jeder von Gott erschaffene Mensch hat in der Stille seines Herzens Zugang zu Gott."

Jiddu Krishnamurti, einer der bekanntesten und meist geachteten spirituellen Lehrer des 20. Jahrhunderts, von dem viele glauben, dass er ein Jünger Maitreyas war, sagte im Wesentlichen, dass Selbsterkenntnis (oder Transformation) der erste Schritt zur Selbstverwirklichung sei. Selbstverwirklichung ist das Ziel unserer menschlichen Erfahrungen. Daher ist das Erkennen Gottes in uns Transformation (oder Selbsterkenntnis) und führt zur Selbstverwirklichung oder zum Gottesbewusstsein innerhalb der menschlichen Form. Jedes ist ein notwendiger Schritt im evolutionären Entwicklungsprozess. [5]

Gebet und Furcht

Die Botschaften Marias mahnen uns, aus ganzem Herzen heraus zu beten. Damit ist mehr gemeint als ein gewöhnliches Gebet, das möglicherweise eine angelernte Fertigkeit ist. Die Seherinnen verkünden, dass Maria traurig ist, weil die Menschen selbst nach jahrelangem Wiederholen dieser Botschaft, nicht gelernt haben, wie man betet.

Einen Anhaltspunkt für das "Gebet aus dem Herzen" findet man in der Aussage der Seherin Marija: "Die erste Voraussetzung für jede aufrichtige Betgruppe ist, dass man aus seinem Herzen für immer alle Furcht verbannt." Furchtlosigkeit und wirksames Beten sind somit eng miteinander verbunden.

Das Problem der Furcht in der Menschheit wird von beiden, sowohl von Maitreya als auch von Krishnamurti betont. Beide machen deutlich, dass Furcht in der Gegenwart von Liebe aufhört zu existieren. Wo Furcht ist, gibt es keine Selbstverwirklichung; vollständige Aufmerksamkeit vertreibt die Furcht.

In der Bibel heißt es im ersten Brief des Johannes (4,18): "Furcht gibt es in der Liebe nicht, sondern die vollkommene Liebe vertreibt die Furcht. Denn die Furcht rechnet mit Strafe, und wer sich fürchtet, dessen Liebe ist nicht vollendet."

Aus den Botschaften von Maitreya und der Gottesmutter höre ich daher Folgendes heraus: Wenn wir unser Vertrauen vollkommen in Gott setzen und selbstverwirklichte Seelen werden wollen, müssen wir die Furcht abschaffen. Halbherzige Versuche nützen nichts. Um Gott zu erfahren, welchen Namen wir ihm auch immer geben mögen, müssen wir vollkommen frei von Furcht sein.

Meditation und Gebet aus dem Herzen

"Beten aus dem Herzen" ist für unser Leben so wichtig, sagen die Seherinnen von Medjugorje, weil wir lernen müssen, fortwährend zu beten, bis wir 24 Stunden am Tag beten, das heißt, uns in einem Zustand andauernden Betens befinden. Sie geben nicht viele Hinweise, wie dieser Zustand erreicht werden kann, aber Krishnamurti erklärt es genauer mit dem, was er über die Meditation schreibt — eine Meditation (Gebet), nicht wie sie im Allgemeinen verstanden wird, sondern als "die korrekte Beobachtung des Lebens". Man könnte es auch als "unvoreingenommenes Beobachten" bezeichnen. Krishnamurti fasst es folgendermaßen zusammen: "Meditation heißt, das Leben zu verstehen, das tägliche Leben mit all seiner Komplexität, Einsamkeit, Verzweiflung, seinem Elend, Leid, dem Bemühen, berühmt und erfolgreich zu werden, der Furcht und dem Neid. All *das* zu verstehen, ist Meditation."

Keiner kann sich selbst verstehen (Selbst-Verwirklichung), ohne dieses Wissen anzuwenden. Daher meint Krishnamurti: "Meditation [richtiges Gebet] ist unsere Lebensweise; jeden Tag, jede Stunde und jede Minute." Es ist ein Zustand des Seins, den wir alle erreichen müssen, wenn wir die Welt schaffen wollen, die Maitreya, der Christus, für uns vorsieht.

Erreichen eines immerwährenden Gebetszustandes

Wie aber erreicht man diesen Zustand andauernder Meditation oder fortwährenden Gebetes? Maitreya trägt uns an, Ehrlichkeit im Denken zu praktizieren, und ich glaube, auf dasselbe bezieht Krishnamurti sich, wenn er von "richtiger Wahrnehmung des Lebens" spricht. Wenn wir erkennen, dass die Realität, die wir täglich beobachten, durch den menschlichen Denkprozess verzerrt wird, fangen wir an, diese Aussage besser zu verstehen. Laut Krishnamurti gehen wir Menschen von dem aus, "was sein sollte" (Wünsche und Ängste), anstatt von dem, "was ist" (Tatsachen und Realität). Mit anderen Worten: Maitreyas "Ehrlichkeit im Denken" ist Krishnamurtis "Beobachtung ohne Vorurteil" und die Fähigkeit, mit dieser Tatsache zu leben. Alles andere führe zu Heuchelei.

Krishnamurti sagt auch: "Meditation ist Beobachten ohne den Beobachter." Der Beobachter, der seinem vergangenen, im Gedächtnis gespeichertem Wissen erlaubt, den Beobachtungsprozess zu beeinflussen, leidet an voreingenommenem Denken. Schon immer hat es der Mensch vorgezogen, in der Vergangenheit (seinen Vorstellungen) zu leben und nicht in der gegenwärtigen Realität (in dem, was ist). Er findet es schwierig, in der Gegenwart, im Jetzt, zu leben. Der Beobachter kann die Gegebenheiten (Wirklichkeit) jedoch nur mit einem ruhigen Geist er-

147

kennen. Nur wenn er lernt, sein vergangenes Wissen (Vorurteile) nicht in das aktuell Beobachtete einfließen zu lassen, kann er die Tatsache (was ist) klar erkennen. Erst bei wirklichem Beobachten dessen "was ist", verschwindet das Gefühl, als Beobachter vom Beobachteten getrennt zu sein, und es bleibt die reine Beobachtung. Ein solcher stiller oder freier Geisteszustand ist in der heutigen Welt selten.

Krishnamurti geht in seinem Bemühen, uns diesen Punkt verständlich zu machen, sogar noch weiter, indem er ihn mit dem täglichen Leben und richtiger Moral verbindet. Würden wir verstehen, was richtige Meditation ist, erklärt er, käme auch Ordnung in unser Leben. Erst wenn unser Leben in geordneten Bahnen verläuft, haben wir wahre Moral. Sie stellt sich von selbst ein, wir müssen nicht danach suchen. "Gesellschaftsmoral" ist nichts anderes als sich Respekt und Ansehen zu verschaffen, und im Grunde unmoralisch; *wahre* Moral dagegen schafft Ordnung in unserem inneren und äußeren Raum. Lebe immer nur mit den Gegebenheiten der Realität und mit nichts anderem, empfiehlt uns Krishnamurti. Schenke den Tatsachen Aufmerksamkeit und du wirst Energie im Überfluss haben und ohne Furcht leben. Diese Energie sorgt für einen klaren Verstand. Es ist die Liebe – nicht die Ideen, die Gesinnung, die Gefühle – sondern die Liebe. Das ist die Moral, wie sie aus dem göttlichen Selbst hervorgeht.

Daher glaube ich, dass diese Meditation (unvoreingenommene Beobachtung) dem Herzensgebet gleichkommt, von dem "Unsere Frau von Medjugorje" gesprochen hat.

Wenngleich ich hier nur einen kurzen Abriss der Lehren geben kann, mag es zu der Einsicht reichen, dass uns heute eine neue "Straßenkarte" angeboten wird, damit wir danach suchen, wer wir wirklich sind. Dieses Wissen gehört nicht irgendeiner religiösen Gruppe oder einem bestimmten Lehrer. Vielmehr wird es in den unterschiedlichsten Weisen an uns herangetragen, damit wir die Gelegenheit haben, es in einer Form zu hören, die in unserem Herzen nach Wahrheit klingt.

Fasten und Gelassenheit

Warum wird in den Botschaften von Medjugorje so viel Gewicht auf das Fasten gelegt? Die Seherin Ivanka erklärt: "[Die Mutter Gottes] sagt, wer nicht fastet, kennt Gott nicht", und: "... ihre Kinder sollten mit ihren Augen, ihrer Zunge, ihren Händen, ihren Füßen und ihren Ohren fasten ... Diese Erfahrung [das Fasten] befreit uns von unseren Anhaftungen, die vergänglich sind."

Frei sein von Bindungen meint das gleiche wie *Gelassenheit*. Maitreya sagt über Gelassenheit: "Ehrlichkeit im Denken, Aufrichtigkeit im Geist und innere Gelassenheit sollte alle unsere Handlungen lenken." Laut Maitreya ist diese Loslösung ein Prozess, bei dem der Mensch allmählich aufhört, sich mit Körper, Denken und Geist zu identifizieren, denn diese Identifikation bedeutet, an irdischen Dingen zu haften. Alles, was man mit Gelassenheit tut, ist göttlich. Und wenn es göttlich ist, ist es unabhängig von Körper, Denken oder Geist.

Auch hier scheinen die Lehren übereinzustimmen. Mit unseren Augen, Ohren, Händen, Füßen und der Zunge zu fasten, bedeutet, uns von unseren Wünschen zu befreien und Gelassenheit zu praktizieren. Wir dürfen allerdings nicht den Fehler machen, zu denken, das Loslassen von materiellen Dingen bedeute, sich aus dem Physischen zurückzuziehen. Gelassenheit heißt, in der materiellen Welt zu leben, aber im Geiste frei zu bleiben.

Ein "bleibendes Zeichen" und der "Tag der Erklärung"

Es gibt viele interessante Parallelen zwischen den Beschreibungen von Maitreyas Tag der Erklärung und den Botschaften Marias. Beide sprechen von einem großen geistigen Ereignis, das die Welt aufrütteln wird. Laut der Gottesmutter wird dieses Ereignis die Menschheit verändern.

Sowohl Maitreya als auch Maria sagen, es könnte leicht oder schwer für uns werden, das hängt von der Menschheit selbst ab: Wenn wir uns dazu durchringen, unsere Lebensweise zu ändern, werden wir relativ mühelos in ein großartiges und glorreiches Zeitalter eintreten. Weigern wir uns aber, unsere Einstellung zum Leben zu ändern, wird der Übergang schwierig sein und viele werden leiden. Was aber hat es nun mit diesem großen Ereignis auf sich?

Die Seherkinder, nun junge Erwachsene, hüten zehn Geheimnisse, die an dem besagten Tag verkündet werden sollen. Sie sagen, dass dieses Ereignis und ein besonderes Zeichen auf der Bergspitze nahe Medjugorje, begleitet von wundersamen Heilungen, weltweit alle Zweifler überzeugen wird. Dieses Zeichen wurde als unzerstörbar beschrieben, als etwas, das wir noch nie zuvor gesehen hätten. Nach meinem Verständnis der Botschaften, werden die Seherinnen zehn Tage vor diesem monumentalen spirituellen Ereignis ihren Priester benachrichtigen, der sieben Tage lang predigen und fasten wird, um danach die Geheimnisse der ganzen Welt zu verkünden. Uns bleiben dann nur noch wenige Tage zur Vorbereitung.

Ebenso warten diejenigen, die das Hervortreten von Maitreya verfolgen, auf einen ganz besonderen Tag, den so genannten Tag der Erklärung, der wie ein zweites Pfingstereignis sein wird.

An dem Tag wird Maitreya weltweit im Fernsehen erscheinen. Seine inspirierenden Worte werden telepathisch von jedem Menschen in der eigenen Sprache vernommen. Seine Liebesenergie wird alle Herzen erreichen, die Menschen zur Rettung der Welt zusammenschließen und Hunderttausende von spontanen Heilungen hervorbringen.

Ich glaube fest daran, dass dieser Tag der Erklärung das Ereignis ist, das uns auch von der Erscheinung in Medjugorje versprochen wurde. Das wird der Tag sein, an dem der Menschheit das Geistige Reich vorgestellt wird, der Tag, an dem die Christen die physische Wiederkehr des Christus anerkennen werden und er wieder unter uns wandelt. Es wird aber auch der Tag sein, an dem die Gläubigen anderer Überlieferungen erkennen werden, dass der von ihnen erwartete Lehrer zurückgekehrt ist.

Des Wartens müde

Vielen Gläubigen, die das von den Seherinnen versprochene große spirituelle Ereignis herbeisehnen, kommt das Jahr 1981, an dem die Erscheinungen von Medjugorje begannen, wie in ferner Vergangenheit vor. Viele sind des Wartens überdrüssig. Ebenso fragen sich auch viele von denen, die das Hervortreten von Maitreya und den Meistern der Weisheit erwarten, nach dem Grund für die offensichtliche "Verzögerung".

Fehlende Geduld ist ein weit verbreiteter menschlicher Wesenszug, besonders im Westen, wo Zeit mit Geld gleichgesetzt wird. Wir möchten die Dinge sofort, ohne weiteres Warten und verlieren leicht das Vertrauen, wenn unsere Erwartungen nicht eintreffen. Wir beginnen an dem zu zweifeln, woran wir vorher so stark geglaubt haben.

Was wir jedoch noch nicht zu begreifen scheinen, ist, dass es im Geistigen Reich, dem Reich der Meister und Eingeweihten der Welt keine Zeit gibt. Alles geschieht in der Gegenwart, im Jetzt. Was für uns noch ein zukünftiges Ereignis ist, hat sich aus ihrer Sicht schon längst ereignet, nur ist es noch nicht bis zu unserer Bewusstseinsebene "durchgedrungen". Doch die Zeichen sind da, wir müssen uns nur die Mühe machen, sie zu lesen.

Betrachten wir nur einmal die dramatischen und positiven Veränderungen, die sich seit Maitreyas Ankunft in London im Jahre 1977 und dem ersten Auftreten der Gottesmutter in Medjugorje 1981 in der Welt ereignet haben.

Seither müssen wir uns immer mehr eingestehen, dass wir unser Leben entgegen unserer eigentlichen spirituellen Wesensart gestalten, indem wir das eine sagen und dann das Gegenteil tun. Häufig sogar benutzen wir das Wort Gottes, um unsere Mitmenschen zu schädigen und zu beleidigen.

Nur sehr langsam dringt ein gewisses Maß an Frieden und gutem Willen in unser Bewusstsein, und wir beginnen zu verstehen, dass die Bedürfnisse unserer Nachbarn, unserer Nation und der Welt genauso wichtig sind wie unsere eigenen. Wenn Maitreya sieht, dass wir wahrhaft als eine menschliche Familie leben wollen, wird er voll und ganz an die Öffentlichkeit treten — und das Versprechen der Gottesmutter in Medjugorje wird sich erfüllen.

Verbreitung der Informationen über die Wiederkehr

Inzwischen nimmt eine kleine aber konstant anwachsende Zahl von Menschen Anteil an der Wiederkehr-Geschichte und die Flut der Wunder hält die Menschheit in einem Zustand des Staunens. Immer mehr Menschen werden – genauso wie in meinem Fall – persönliche Erlebnisse mit den Meistern haben. Am Ende wird die Skepsis schließlich der Überzeugung weichen müssen — und die Überzeugung der Wirklichkeit des Alltags.

Las Vegas oder alles ist verloren

"Ich bin wirklich unter euch auf eine neue Weise:
eure Brüder und Schwestern kennen mich,
haben mich gesehen und nennen
mich Freund und Bruder."

—Maitreya

Nachdem das Haus in Washington verkauft war und Freunde mir beim Umzug geholfen hatten, sah ich keine Anzeichen dafür, wie oder wann ich ständiger Einwohner von Las Vegas werden könnte. Ich lud meine Mutter und meine Schwester ein, mit mir die Weihnachtstage zu verbringen und das neue Haus zu besichtigen. Das Haus gefiel ihnen, aber in Las Vegas? So hatte ich ein paar Tage Zeit, einige weitere Umzugskartons zu entleeren, Möbel aufzustellen und mich etwas mehr mit der Stadt vertraut zu machen, der ich in der Rangliste der bizarren und seltsamen Orte, die ich bisher auf der Welt besucht hatte, einen der vorderen Plätze einräumte. Wir verbrachten angenehme Weihnachtstage und da wir noch ein paar Ferientage anhängten, wurde daraus ein langer Urlaub. Am Ende flog ich wieder zu meiner Dienststelle nach Washington zurück. Ich hatte nun genug Zeit in Las Vegas verbracht, um zu wissen, dass ich mich in dieser Stadt wohl fühlen würde, und dass auch meine Familie und Freunde öfter zu Besuch kommen würden.

Bei meiner Rückkehr ins Büro empfing mich meine Stellvertreterin mit den Worten: "Sie werden es nicht glauben, aber soeben hat der Kongress der Informationsbehörde die Option zugestanden, bei sofortiger Auszahlung der Pensionsbezüge einige Mitarbeiter vorzeitig in den Ruhestand zu entlassen. Nicht nur das", fügte sie hinzu, "alle akzeptierten Antragsteller werden einen Pensionszuschuss von 25.000 Dollar erhalten, sofern sie uns bis zum Ende der Auszahlungsperiode verlassen". Dies hörte sich ganz nach dem von mir ersehnten Wunder an und hatte die unmissverständliche Handschrift von der "Arbeit der

Meister". Allerdings war das Angebot auf eine bestimmte Anzahl Führungskräfte beschränkt und meine Freunde im Büro räumten mir wenig Chancen ein. Ich selbst aber hatte wenig Zweifel, dass ich es schaffen würde. Innerhalb weniger Tage erhielt ich die Zusage, dass auch ich zu den Auserwählten gehörte. Die Verhandlungen rund um den vorzeitigen Ruhestand, die Abwicklung der Papierformalitäten und das Räumen meines Büros, alles spielte sich innerhalb von vier Tagen ab.

Ich erledigte meine restlichen Dienstverpflichtungen und räumte das Büro wie gefordert bis zum Ende der Auszahlungsperiode. Obwohl es sich um ein gewaltiges Unterfangen handelte, verlief alles so schnell und reibungslos, dass ich dann doch etwas bestürzt war, als der Tag des Abschieds anbrach. Nun also war ich frei und konnte Washington verlassen, um in mein neues Haus in Las Vegas zu ziehen.

Mir war völlig klar, dass das alles durch den Einfluss der Meister geschehen war, aber ich finde es nach wie vor verblüffend, wie subtil sie arbeiten. Während dieser Vorgänge, die mein Leben so entscheidend veränderten, erfuhr ich von ihnen nie mehr als ich für den Augenblick wissen musste — eine Strategie, die der im Staatsdienst nicht unähnlich ist!

Da ich meinen ganzen Haushalt schon vor fünf Monaten nach Nevada verschickt hatte, musste ich lediglich noch mein Auto und die Kleidung mitnehmen. Meine Verbindung zu dieser Gegend – nicht aber zu guten Freunden dort – war damit gelöst.

Ich teilte meinen damaligen Gastgebern mit, dass ich plante, sobald wie möglich nach Las Vegas zu fahren, um mein neues Leben zu beginnen. Sie waren sicher erstaunt über mein dringendes Verlangen, so plötzlich fortzugehen. Schließlich war ich über viele Jahre ein Einwohner Washingtons gewesen und hatte viele Beziehungen geknüpft. Dennoch waren meine Freunde liebenswürdig wie immer; sie hatten mir nicht nur angeboten, bei ihnen zu wohnen, sondern unterstützten auch meinen seltsamen Wunsch, nach Nevada zu ziehen. Mein Interesse an den Meistern konnten sie verständlicherweise nicht so leicht nachvollziehen ebenso wenig wie die positive Zuversicht, die ich in Bezug auf meine eigene zukünftige Rolle in diesem großartigen Prozess des Hervortretens der Hierarchie empfand.

Eine denkwürdige Fahrt

Mitte Januar 1997 bepackte ich das Auto mit meinen letzten Habseligkeiten für die Fahrt nach Las Vegas. Da mein guter Freund Rudy wusste, dass ich im Winter nicht allein quer durchs Land fahren wollte, bot er mir an, mich zu begleiten und dann später zurückzufliegen. Also nahm er sich von seinem Job im Justizministerium ein paar Tage frei. Wir konnten nicht ahnen, dass ausgerechnet an dem Tag, an dem wir nach Westen aufbrechen wollten, ein riesiger Wintersturm über den Bundesstaat hinwegfegen würde.

Ich nahm an, dass die südliche Route durch Tennessee, Arkansas, New Mexico und Arizona im Winter die sicherste sei. Wie sich nachher herausstellte, wäre normaler Regen oder Schnee ein Segen gewesen, verglichen mit dem frostigen Eisregen, dem Schnee und dem Wind, dem wir auf der ganzen Fahrt nach Las Vegas ausgesetzt waren.

Seit wir Washington bei dem unerwarteten Sturm verlassen hatten, sahen wir fast nach jeder Meile umgekippte Fahrzeuge, LKW-Unfälle oder Autos, die von der Fernstraße geschlittert waren. Dieser Anblick hätte jeden vernünftigen Menschen überzeugt, auf der Stelle nach Washington umzukehren und den Sturm abzuwarten. Aber irgendwie spürte ich ein starkes Bedürfnis weiterzufahren, ungeachtet der möglichen Gefahren.

In der permanenten Annahme, es würde schon wieder besser werden, fuhren wir langsam durch Virginia. Die Straße war derart mit Schnee bedeckt, dass wir bald nicht mehr wussten, ob wir noch auf der Fernstraße fuhren oder nicht. Umgestürzte Sattelzug-Anhänger in Straßengräben wurden zum gewohnten Anblick. Entgeistert schauten wir zu, wie Autos von der Fernstraße verschwanden und steile, schneebedeckte Grashänge hinunterrutschten.

Schließlich erreichten wir Tennessee und ich glaubte an eine Besserung der Lage. Der Schnee begann nachzulassen und die Straße war wieder erkennbar. Doch meine Erleichterung hielt nicht lange an. Bald fuhren wir durch einen Eissturm, und schließlich, irgendwo in der Nähe von Nashville, trafen unsere schlimmsten Befürchtungen ein.

Als wir mit 80 Kilometern pro Stunde auf der Fernstraße 70 gen Westen fuhren, sahen wir Warntafeln, die auf eine viele Meilen lange, abschüssige Fahrstrecke hinwiesen. Ich fuhr sogleich langsamer, doch unvermittelt senkte sich eine Nebelbank über unseren Wagen. Eine Minute lang konnte ich jenseits der Kühlerhaube gar nichts mehr erkennen und drosselte ein weiteres Mal die Geschwindigkeit. Innerhalb einer halben Meile fiel die Straße noch steiler ab. Damit aber lichtete sich der Nebel so weit, dass wir jetzt wenigstens wieder eine etwas bessere Sicht hatten. Der Anblick, der sich uns bot, war erschreckend und ich versuchte, nicht in Panik zu geraten.

Etwa hundert Meter vor uns befand sich ein regelrechtes Autoknäuel: Zusammengepresste und ineinander verkeilte Last- und Lieferwagen, Autos und Anhänger rutschten größtenteils seitwärts den Berg hinunter. Es sah aus wie beim Autoskooter auf einem Jahrmarkt. Wir konnten mitverfolgen, wie andere Autos und Lastzüge durch diese Automasse, die immer weiter den steilen Abhang hinunterglitt, von der Straße weggeschoben wurden. Wie ein riesiges Windrad drehte sie sich langsam über die ganze Fernstraße.

Was dann folgte, war noch viel schlimmer, denn die von der Fernstraße abgedrängten Fahrzeuge stürzten etwa 9 bis 13 Meter in eine tiefe Schlucht und landeten auf den bereits unten liegenden Wagen. Ich sah keinen Ausweg mehr, diesem verhängnisvollen Absturz, der vielleicht sogar den sicheren Tod bedeutete, zu entkommen.

Wir beginnen zu rutschen

Vorsichtig drückte ich auf die Bremse. Sofort drehte sich der Wagen um 45 Grad, und nun begannen auch wir auf einer Eisschicht den Berg seitwärts hinunterzurutschen. Für die Reifen gab es absolut keinen Halt mehr.

Aus dem Seitenfenster schaute ich den Berg hinauf und sah einen Sattelschlepper direkt auf uns zugleiten. Seine Geschwindigkeit erhöhte sich und ich wusste, dass dieser riesige Lastzug nun gleich meinen kleinen Wagen in die trudelnde Fahrzeugmasse unter uns pressen würde. Ich stellte mir Rudy und mich leblos eingepfercht in einem Wagen vor, der aussah wie ein Pfannkuchen.

Verzweifelt versuchte ich, unseren Kurs zu ändern, aber auch das Drehen des Lenkrades brachte nichts. Hilflos schlitterten wir auf die dichte, abwärts gleitende Automasse zu, die gelegentlich einen Wagen verlor, der dann vollends von der Autobahn stürzte.

Wir bitten die Meister um Hilfe

Ich riet meinem unglücklichen Schicksalsgefährten, sich auf eine Karambolage einzustellen, und nicht ohne Nachdruck in meiner Stimme rief ich ihm zu: "Rudy, nun wird es Zeit, die Meister um Hilfe zu bitten."

Ohne mein Zutun richtete sich der Wagen plötzlich wieder auf die Fahrspur aus und fuhr in Fahrtrichtung weiter. Ich sagte Rudy, dass ich den Wagen nun nicht mehr selber lenkte.

Wir versuchten, die Sache positiv zu sehen und waren uns einig, dass es gut war, so voranzukommen, denn der Motor des Wagens könnte uns bei einem frontalen Zusammenstoß schützen. Aber da gab es noch immer den riesigen Lastwagen, der hinter uns die Straße herunterdonnerte. Wir wussten ja nicht, was er geladen hatte und ob es nicht zu uns herüberrutschen und uns auf der Stelle töten würde. Ich schaute wieder auf die Fahrzeuge vor uns. Wir waren nur noch wenige Meter von einem Aufprall entfernt. Dann geschah ein wahres Wunder.

Wundersame Intervention

Die drehende Automasse begann sich zu teilen und ohne mein Mitwirken steuerte unser Auto direkt auf die soeben entstandene Lücke zu. Mein Körper versteifte sich auf der Stelle. Ich konnte nur ungläubig auf das sich vor unseren Augen abspielende Wunder starren. Als wir näher kamen, spaltete sich dieser riesige verknautschte Metallklumpen nach und nach — wie bei der biblischen Teilung des roten Meeres.

Der Abstand zwischen uns und den Fahrzeugen, die sich jetzt um uns bewegten, betrug nur wenige Zentimeter. Ich hatte Zeit genug, darauf zu achten, dass ich tatsächlich nichts mit der Steuerung des Autos zu tun hatte. In Sekunden waren wir auf der anderen Seite und bewegten uns geradewegs den Berg hinab, als wäre nichts vorgefallen.

Ich schaute zurück und sah, dass sich die "Schneise" wieder schloss, kurz nachdem wir sicher entkommen waren. Dann raste der Sattelschlepper in das Fahrzeugknäuel hinein, das wir gerade erst verlassen hatten und verursachte ein noch größeres Chaos.

Unglücklicherweise könnten wir nicht anhalten und Hilfe anbieten, erklärte ich Rudy, da der Wagen seine Geschwindigkeit unvermindert beibehielt und nach eigenen Vorstellungen zu handeln schien. Später hörten wir im Radio, dass viele Dutzend Fahrzeuge in dieser Massenkarambolage auf der Tennessee Bundesstraße verwickelt waren.

Beugen physikalischer Gesetze

Obwohl schon die "Zweiteilung des Metalls" ein Wunder war, hat uns meines Erachtens letztlich ein noch viel größeres Wunder gerettet. Ich erinnere mich lebhaft daran, dass wir, als mein Wagen in die sich öffnende Masse drehender Autos hineinfuhr, in der Mitte "eingeschlossen" waren. Während sich die anderen Fahrzeuge gleichmäßig um uns drehten, bewegte sich mein Auto in gerader Linie direkt die Straße hinunter.

Einmal schaute ich nach unten auf die Fahrbahn, weil ich sicher war, dass jeden Moment das Auto neben uns in meinen Wagen hineinfahren würde. Ich wartete auf das typische Geräusch, das entsteht, wenn Metall auf Metall stößt, aber es war nichts zu hören — nur eine geisterhafte Stille. Ich schaute zu meiner hinteren Stoßstange, weil sich dort soeben ein anderer Wagen direkt auf uns zudrehte. Wieder kein Metallgeräusch und nicht einmal eine Beule an meinem Auto.

Ich bin überzeugt, dass hier die normalen Gesetze der Physik aufgehoben wurden. Eigentlich hätten wir von den anderen Fahrzeugen mitgezogen und zerquetscht werden müssen, aber das war nicht der Fall. Zumindest hätten die Autos um uns herum die Seiten meines Wagens zerkratzen müssen, aber alles blieb unversehrt. Was war geschehen? Mir ist bekannt, dass die Meister besonders denen helfen und sie beschützen, die mit ihnen zusammenarbeiten. Wie sie dabei vorgehen, ist oft das große Geheimnis. Ich bin überzeugt, dass mein Auto tatsächlich mit den anderen auf der Fernstraße zusammenstieß, aber die physikalische Welt tat etwas Außergewöhnliches.

Helena Blavatsky, Mitbegründerin der Theosophischen Gesellschaft, die dem westlichen Publikum erstmals die Existenz der Meister vorstellte, schrieb über einen ähnlichen Vorfall, den sie auf einer Kutschenfahrt durch New York erlebte. Als ihr Gefährt mit einem anderen zusammenzustoßen drohte, erlebte sie, wie sich die beiden Fahrzeuge einfach durchkreuzten und niemand kam zu Schaden. Es scheint, dass auf der subatomaren Ebene die Partikel unterschiedliche Eigenschaften haben und sich in einer Weise verhalten, die wir noch nicht verstehen. Trotzdem suche ich immer noch nach einer zufriedenstellenden Erklärung.

Wir kommen wohlbehalten in Las Vegas an

Unser Kampf mit dem heimtückischen Wetter war in Tennessee noch nicht zu Ende. Sogar die windigen Halbwüsten von New Mexico waren in diesem Winter von Schnee und Eis bedeckt. Trotzdem kamen wir am vierten Tag ohne Unterbrechung um drei Uhr früh in Las Vegas an und gingen sogleich zu Bett. Als wir aufwachten, hörten wir in den Nachrichten, dass aufgrund der Schneeverhältnisse in den höheren Regionen alle Zufahrtsstraßen zur Stadt gesperrt waren. Touristen, die von Phönix und Los Angeles nach Las Vegas kamen, mussten für mehrere Tage einen Zwangsaufenthalt einlegen, bis die Straßen wieder passierbar waren. Da erst wurde meinem Freund Rudy und mir bewusst, wie glücklich wir uns schätzen konnten, dass wir die letzten drei Tage so sicher gereist waren.

Letztlich habe ich keine Erklärung für diese außergewöhnliche Folge von Ereignissen, die unser Leben rettete. Es bleibt mir nur meine Überzeugung, dass wir alle im Laufe des Lebens in vielfältiger Weise durch unsichtbare Kräfte beschützt werden. Wenn wir durch eine solche wundersame Intervention von Verletzungen oder Tod bewahrt werden, mögen wir es unserem "Schutzengel" zuschreiben oder der Welt der Engel allgemein. Ich meine, dass das, was wir als Engel erleben, in Wirklichkeit die Meister der Weisheit sind, die in verschiedenster Weise der Menschheit helfend zur Seite stehen. Manchmal arbeiten sie im Hintergrund; andere Male wiederum treten sie als ganz normale Menschen auf, die uns zur Hilfe eilen.

Ob wir sie akzeptieren und von ihrer Existenz wissen oder nicht, die Meister beschützen uns — vorausgesetzt ihre Hilfe steht in keinem Widerspruch zum Plan unserer Seele. Sie wissen genau, wann sie in unser Leben eingreifen dürfen und wann nicht. Ist es nicht beruhigend zu wissen, dass wir niemals allein sind?

Versprechen einhalten

"Viele sind es, die ich rufe.
Viele sind es, die warten und horchen.
Nur wenige sind es, die den Augenblick
erfassen und handeln.
Diese wenigen sind meine Getreuen.
Mögt ihr unter ihnen sein."

—Maitreya

Bei meinem Besuch in Los Angeles 1998, begegnete ich Maitreya und einem der Meister auf dem Gehsteig des Rodeo Drive in Beverly Hills. Man könnte dies vielleicht für einen sonderbaren Ort für eine Begegnung mit den Meistern halten, aber man sollte nicht vergessen, dass sie tatsächlich überall anzutreffen sind und keine Gelegenheit verpassen zu helfen, zu lehren oder zu inspirieren. In meinem Fall bahnte sich eine neue Lektion an.

Ich war erst kurze Zeit zuvor nach Las Vegas umgezogen, wo ich weder Familie noch Freunde hatte. Meine nächsten Freunde wohnten in Los Angeles, daher freute ich mich darauf, das Wochenende bei ihnen zu verbringen und auf die Gelegenheit zu netten Gesprächen. Ein Freund organisierte einen Besuch in einer Gemäldegalerie am Rodeo Drive, wo eine Künstlerin ihre jüngsten Werke ausstellte. Da meine Freunde wussten, dass ich gerne neue Bilder von talentierten Künstlern anschaue und mich selber auch fürs Malen als Hobby begeistere, war dies eine geradezu ideale Idee für einen unterhaltsamen Abend.

Als wir uns der besagten Galerie am Rodeo Drive näherten, bemerkte ich auf der anderen Straßenseite einen Mann von stattlicher Größe, der aufmerksam jede unserer Bewegungen verfolgte. Ich machte meine Freunde auf sein ungewöhnliches Aussehen aufmerksam. Er trug einen großen weißen Turban und eine lange weiße Tunika. Über der Tunika hatte er eine wunderschöne goldene Brokatweste, von oben

161

bis unten zugeknöpft. Eine solche Aufmachung hatte ich noch nie gesehen und ich überlegte mir, ob er vielleicht Mitglied einer religiösen Organisation sei. Meine Freunde hingegen hielten ihn eher für einen jener zahlreichen absonderlichen Typen, die man in großen Städten öfter antreffen kann. Ich hatte sofort den Verdacht, es könnte ein Meister sein, denn sogar aus der Entfernung und im Halbdunkel sah er aus wie Maitreya.

Am Eingang zur Kunstausstellung sprang plötzlich ein barfüßiger junger Mann mit langem blondem Haar und perlgrauen, fließenden Gewändern auf uns zu. Er hatte unter einem Baum an der Bordsteinkante gesessen und öffnete uns nun die Eingangstür zur Galerie. Einer meiner Freunde war der Meinung, er sei ein Bettler, der nur auf ein Trinkgeld warte. Der junge Mann sagte kein Wort und hielt seinen Kopf gesenkt, während er sich vor uns verbeugte. Während meines Rundgangs in der Galerie schaute ich gelegentlich aus dem Fenster und stellte fest, dass er sich wieder unter den Baum gesetzt hatte. Als wir die Galerie verließen, sprang er sofort auf und öffnete uns erneut die Tür.

Diesmal beschloss ich, auf sein Gesicht zu achten, um herauszufinden, weshalb er uns soviel Aufmerksamkeit schenkte. Während meine Freunde schon zum Wagen vorausgingen, der einige Blocks weiter geparkt war, blieb ich stehen, um mir noch einmal diesen Mann anzuschauen. Als er zu mir aufblickte, sah ich in ein äußerst hübsches Gesicht mit einem strahlenden Lächeln und ungewöhnlichen Augen. Nur wenige Jahre später entdeckte ich genau das gleiche Gesicht auf dem Einband eines Buches von der Künstlerin Glenda Green. Sie sagte, sie hätte ein exaktes Portrait von Jesus gemalt. In ihrem Buch mit dem Titel *Love without End* sind auch die Gespräche aufgezeichnet, die sie während des Malens mit Jesus geführt hatte.

Der junge blonde Mann sagte kein Wort zu mir, sondern zeigte über meine Schulter die Straße hinauf. Ich drehte mich um und bemerkte einen Mann, der auf einem Stuhl saß. Als ich wieder zu dem jungen Mann blickte, dachte ich: Zeigt er etwa auf Maitreya? Er lächelte nur, nickte mit dem Kopf und machte nochmals die gleiche

Geste. Er wollte, dass ich in diese Richtung gehe, das wusste ich instinktiv. Während ich mich langsam der sitzenden Gestalt näherte, schaute ich noch mehrmals zu dem jungen Mann zurück und sah ihn jedes Mal lächeln und zustimmend mit dem Kopf nicken.

Dort saß vor einem Bulgari-Juweliergeschäft ein Mann auf einem offensichtlich handgefertigten Stuhl, der Reste von Baumrinde und Schnitzspuren an Beinen und Rückenlehne aufwies — ein krasser Gegensatz zum Juweliergeschäft hinter ihm. Ich setzte meine Schuhspitzen wenige Zentimeter vor die des Fremden und wartete. Als er langsam seinen Kopf hob, erkannte ich sogleich das Gesicht Maitreyas, obwohl er als alter Mann verkleidet war. Auf seinen schlanken Händen, die eine fast transparente Haut hatten, traten die Adern hervor. Sein Haar war schlohweiß und ungekämmt. Während seinem Körper, den Socken und den Schuhen ein gewisses Alter nicht abzusprechen war, waren Gewand und Hut schon fast zu perfekt, um echt zu sein. Besonders das Gewand wies nicht die geringste Spur einer Falte oder zerknitterter Nähte auf.

Beim Anblick seiner tadellosen Kleidung kam mir wieder in den Sinn, wie ich reagierte, als ich erstmals das Foto von Maitreya in Nairobi gesehen hatte. Damals dachte ich: Wenn er der Christus ist und dies eine echte Erscheinung, dann müsste auch seine Bekleidung dementsprechend aussehen: Weshalb also ist sein weißes Gewand faltig und der Saum zerknittert? Monate später in einem von Benjamin Cremes Vorträgen erklärte dieser, dass manche Leute Maitreya als den Christus ablehnten, nur weil der Saum an seinem Gewand nicht perfekt sei. Das saß!

Jetzt also zeigte mir Maitreya einen weniger perfekten Körper, abgetragene Schuhe und ausgebeulte Socken — aber das Gewand war absolut makellos. Er scheint jeden unserer Gedanken zu kennen und ist fortwährend bemüht, uns zu lehren.

Als ich tief in seine Augen schaute, wurde mein Verstand ruhig. Ich hatte kein Bedürfnis mehr zu sprechen oder Fragen zu stellen, am allerwenigsten über seine Kleidung. Ein paar Augenblicke lang erlebte ich ein Gefühl vollkommener Zufriedenheit, einfach nur in seiner Gegenwart zu sein. Dann aber verwirrte mich die fremdartige Auswahl seiner religiösen Kleidungsstücke. Sein schwarzes Gewand, mit einer Knopfleiste vom Hals bis zum Saum, entsprach der Soutane eines katholischen Priesters. Eine weiße islamische Häkelmütze bedeckte seinen Kopf und in seinen Händen hielt er eine islamische Gebetskette. An den Füßen trug er *rote Socken*. Es war eine seltsame Kombination; zweifellos hatte seine gesamte Kleidung eine symbolische Bedeutung für mich.

Die schwarze Robe erinnerte mich an die Tage in meiner Kindheit, an denen der katholische Priester im Ort nach dem Gottesdienst oder in der Öffentlichkeit eine Soutane trug. Die islamischen Symbole waren wahrscheinlich ein Hinweis für mich, denn ich hatte mich mit dem Christentum, dem Buddhismus, dem Hinduismus, dem Judaismus und sogar mit den alten Religionen Ägyptens und Zentralamerikas beschäftigt, aber der Islam hatte mich nie sonderlich interessiert. Vielleicht wollte Maitreya mir sagen: "Für mich gilt der Islam genauso viel wie andere Religionen."

Aber was sollten die roten Socken darstellen? Die Antwort erhielt ich, als ich einige Zeit später Venedig in Italien besuchte. Während einer Besichtigung der Markuskirche, der offiziellen Dogen-Kapelle der vormaligen Republik Venedig, wurde uns eine riesige goldene Chorschranke gezeigt, die in Konstantinopel kurz vor Beginn des 15. Jahrhundert angefertigt worden war. Die Fremdenführerin wies auf die abgebildeten Edelsteine und Portraits aus Emaille und fragte uns, ob uns etwas Ungewöhnliches an den Füßen der Figuren auffiele.

Das war es! Christus, die zentrale Gestalt, und der Kaiser von Byzanz trugen rote Socken. Dann erklärte sie uns, dass zur Zeit der frühen Christen, nur Christus selber mit roten Socken abgebildet werden durfte. Später wurde dem byzantinischen Kaiser, da man ihn für den politischen Stellvertreter Christi auf Erden hielt, die gleiche Ehre erwiesen. Wollte mich der alte Mann am Rodeo Drive mit seinen roten Socken zu verstehen geben, dass er der Christus ist? Und durch die Zusammenstellung seiner Kleidung, dass er auch der Eine ist, der hinter allen Religionen steht?

Zunehmende Kontakte mit den Meistern

Maitreya und die Meister erscheinen den Menschen in verschiedenen Gestalten und in den vergangenen paar Jahren haben sie dies immer häufiger getan. Meist ist mit der Kleidung und der Erscheinungsform, die sie annehmen, eine symbolische Botschaft verbunden, und immer dient diese Begegnung einem nützlichen Zweck und beinhaltet sehr oft auch eine Lektion. Es kann zum Beispiel sein, dass sie unsere Vorurteile testen, indem sie uns als jemand begegnen, dem wir normalerweise aus dem Weg gehen würden. Aber an ihrem Verhalten ist etwas so Beeindruckendes, dass wir auf sie aufmerksam werden und dabei augenblicklich unsere Vorbehalte fallen lassen. In diesem Bruchteil einer Sekunde mögen wir eine intuitive Botschaft, einen Segen, eine Heilung oder einen Sinneswandel erfahren.

Die Meister nehmen noch auf eine andere Art Kontakt mit uns auf: nämlich, indem sie uns in Notsituationen beistehen, wie sie es auch auf meiner Reise nach Las Vegas getan haben. In zahlreichen Büchern und Fernsehsendungen werden Erlebnisse geschildert, bei denen Leute von mysteriösen Fremden gerettet wurden. Es wird berichtet, dass diese scheinbar aus dem Nichts auftauchten und – nachdem die Krisensituation bewältigt war – auf die gleiche Weise wieder verschwanden. Meistens vermutet der dankbare Empfänger dieser Hilfeleistung, ein Engel habe eingegriffen, da Engel seit jeher zu den geistigen Traditionen des Westens wie des Ostens gehörten. Gewöhnlich werden sie als Helfer dargestellt, die die Menschen auf irgendeine Weise aufzurichten vermögen.

Die Meister erscheinen uns auch in Träumen, wenn unser Verstand zur Ruhe gekommen ist. Dann nämlich können uns Lektionen vermittelt werden, ohne von unseren anhaltenden Gedankenströmen beeinträchtigt zu werden. Viele Jahre lang hatte ich eine Reihe von Träumen, in denen die Meister mir Unterweisungen gaben. Zu anderen Zeiten machten sie mich lediglich auf ihre Existenz aufmerksam.

Als ich mich anfangs mit dieser Thematik auseinander setzte, kannte ich weder ihre Namen, noch ihre Gesichter. Dann aber erhielt ich in drei aufeinanderfolgenden Nächten Besuch von einem Meister, und schließlich fasste ich den Mut, ihn nach seinem Namen zu fragen. Seine Antwort kam unmittelbar: "Ich bin der, den du als Johannes, den Geliebten Jünger kennst.

Wie kann man Maitreya erkennen?

Die deutlichste Antwort auf diese Frage stammt von Maitreya selbst. Hier sind einige kurze Auszüge aus seinen Botschaften, die telepathisch durch Benjamin Creme übermittelt wurden.

"Viele werden mich bald sehen und zuerst vielleicht überrascht sein von meiner Erscheinung, denn ich bin nicht der Prediger von früher; ich bin nur gekommen, um den Weg zu weisen, um den Pfad zu zeigen, der beschritten werden muss, zurück zum Ursprung und zu Harmonie, Schönheit und Gerechtigkeit. Meine Aufgabe ist einfach: euch den Weg zu zeigen. Ihr, meine Freunde, habt die schwierige Aufgabe, eine neue Welt zu schaffen, ein neues Land, eine neue Wahrheit. Aber zusammen werden wir triumphieren."

"Wenn ihr mich seht, werdet ihr wissen, warum ich kam, denn mit folgenden Worten werde ich euch aufrufen: Rettet meine Kleinen. Speist eure Brüder. Bedenkt, dass die Menschen eins sind, Kinder des einen Vaters. Gebt vertrauensvoll die Güter der Erde allen, die in Not sind. Tut dies jetzt und rettet die Welt! So werde ich sprechen. Das wird mein Aufruf sein. Sobald die Menschheit dieses Gesetz angenommen hat, gebe ich mich selbst zu erkennen."

"Erkennt mich an der Einfachheit meiner Äußerungen. Erkennt mich an der Liebe meines Herzens, an meinen Taten der Hilfe, an meinem Aufruf an alle Menschen, zu teilen und in Frieden zu leben. So erkennt mich, meine Freunde, und gebt mir eure Hilfe."

Mein nächster Schritt

Wenn vor wenigen Jahren jemand zu mir gekommen wäre und mir vorgeschlagen hätte, nach Las Vegas zu ziehen, um mich in dem einen oder anderen Projekt für Maitreya einzusetzen, hätte ich mich wahrscheinlich für ungeeignet gehalten und den Wechsel zu sehr gefürchtet. Auch war ich mit meiner damaligen Lebenssituation so zufrieden, dass ich einer solchen Veränderung wohl nicht zugestimmt hätte. Aber die Meister haben mir offensichtlich andere Aufgaben zugedacht. So manövrierten sie mich über einen Zeitraum von Monaten oder sogar Jahren sehr geschickt und geduldig – einen kleinen Schritt nach dem anderen – in die Richtung, die zur Erfüllung meiner Seelenabsicht führt. Wir alle bewegen uns vorwärts, entwickeln uns, werden erleuchtet und auf ein Ziel hingeführt, von dem wir vielleicht nicht einmal wissen, dass es existiert. Auf diesem "Pfad der Rückkehr" zur Quelle stillzustehen, ist die einzige wirkliche Sünde.

Jeden Tag haben wir die Wahl: Entweder bewusster zu erkennen, wer wir sind und warum wir hier auf Erden sind oder uns gegen die Kräfte der Evolution zu stellen und schließlich durch Leiden vorangetrieben zu werden. Und erst wenn die Lage am Ende allzu schmerzlich wird, bewegen wir uns auf das Neue zu. Nachdem ich hinter dieses tiefgründige Gesetz gekommen war, habe ich möglichst immer versucht, mich zu ändern, *bevor* die schmerzlichen Erfahrungen beginnen. Es gab in der Tat Situationen, in denen ich spürte, dass ich keine andere logische Wahl hatte, als die sich mir bietende Gelegenheit zu ergreifen. Im Nachhinein kann ich deutlich sehen, wie sich jedes Mal eine neue Tür für mich öffnete, und stets war es der Anstoß in eine bestimmte Richtung. Natürlich hätte ich mich den Vorstellungen der Meister entgegenstellen können, aber früher oder später, wäre ich dennoch an dem gleichen Punkt angelangt, an dem ich mich heute befinde.

Bisher vermag ich nur spärliche Konturen meiner Arbeit hier in Las Vegas wahrzunehmen. Ich weiß jedoch, dass sich meine Erfahrungen im diplomatischen Dienst auch weiterhin als nützlich erweisen. Diesmal werde ich ein "Botschafter" Maitreyas sein — mit welchem Auftrag muss vorläufig noch ein Geheimnis bleiben.

Meine eigentliche Aufgabe wird vermutlich erst nach Maitreyas Tag der Erklärung beginnen. In der Zwischenzeit halte ich Vorträge über das Hervortreten der Geistigen Hierarchie; ich spreche in Radio-Interviews über die Meister und ihre Prioritäten und habe jetzt auch dieses

Buch vollendet. Nichts davon hätte ich mir je vorstellen können; und würde man mich vorzeitig darum gebeten haben, hätte ich dem sicherlich nicht zugestimmt. Es ist anzunehmen, dass diese Arbeit in der nächsten Phase noch größere Anforderungen stellen wird, denn die weltweiten Veränderungen werden sich bald dramatisch beschleunigen. Ich kann nur darauf vertrauen, dass ich auf die zukünftigen Aufgaben vorbereitet bin.

Alle Menschen, die ähnliche Erfahrungen gesammelt haben und die in ihren Herzen wissen, dass Maitreya und die Meister auf immer gegenwärtig sind und zu unserem Wohl wirken, ermuntere ich, öffentlich darüber zu sprechen und es soweit wie möglich bekannt zu machen, damit das Leiden so vieler Menschen beendet wird und eine neue Ära von Gerechtigkeit, Zusammenarbeit und Frieden beginnen kann.

Was hat das alles zu bedeuten?

Zum Abschluss dieses Buches möchte ich den Stil des persönlichen Tagebuchs verlassen und meine Philosophie über den Zustand der Menschheit sowie meine Ansicht über unsere Zukunft zusammenfassen. Ich bitte Sie, sich diese Botschaft zu Herzen zu nehmen und auch noch darüber nachzudenken, nachdem Sie das Buch längst weggelegt haben.

Ein neues menschliches Bewusstsein

Maitreya und die Meister der Weisheit sind im Begriff, in die Alltagswelt von uns Menschen einzutreten, weil wir in der wohl kritischsten Zeit der Menschheitsgeschichte ihrer Hilfe und Führung bedürfen. Der Grund ihrer Rückkehr ist daher weder ausdrücklich religiös noch beschränkt er sich auf irgendeinen einzelnen Bereich menschlichen Strebens. Die Meister kommen jetzt, um uns zu lehren, wie wir als Brüder und Schwestern miteinander leben können.

Bis zu einem gewissen Grad haben wir heute erkannt, wie sehr unsere gesamte Zivilisation in Bedrängnis ist. Unsere Probleme scheinen immer komplexer und undurchschaubarer zu werden, je weiter die Zeit voranschreitet. Das heißt, im Grunde sind wir gar nicht mehr in der Lage, diese Probleme innerhalb der Strukturen, die wir uns über Jahrhunderte geschaffen haben, zu lösen; folglich bleibt wirklicher Frieden unerreichbar. Es ist daher an der Zeit, den Tatsachen ins Auge zu sehen. Die Meister der Weisheit sind hier, um uns ihre Führung und Hilfe anzubieten und uns etwas ganz Neues zu lehren — "die Kunst zu leben".

Diese neue Betrachtungsweise des Lebens ist ein Ausdruck unserer Beziehungen, die wir miteinander pflegen, und eröffnet ein neues Gewahrsein über uns selbst: Wer sind wir und welchen Platz nehmen wir im Universum ein? Das menschliche Bewusstsein verändert und entwickelt sich permanent. Manchmal gehen die Veränderungen langsam vor sich; zu anderen Zeiten wiederum schreitet die Evolution schneller voran. Heute aber stehen wir an der Schwelle zur größten menschlichen Bewusstseinsveränderung, die je auf diesem Planeten stattgefunden hat.

Je weiter sich unser Bewusstsein entfaltet, desto mehr erkennen wir, dass wir in einer Zeit inakzeptablen Ungleichgewichts leben. So lange haben wir in einer grausamen und gleichgültigen Welt gelebt, in der Verfolgung, Unrecht, Armut und Hungertod, Umweltzerstörung, Kriege, Völkermord und rücksichtsloser Kommerz gebilligt wurde, dass unsere Zuversicht, diese massiven Probleme je lösen zu können, erlahmt ist. Viele fragen sich heute, ob es überhaupt noch einen Grund zur Hoffnung gibt.

Wir sind nicht die erste Generation, die sich in diesem Zustand der Unsicherheit und des Ungleichgewichts gefangen sieht.

Seit den Anfängen der menschlichen Rasse hat es immer wieder Zeiten gegeben, in denen revolutionäre Veränderungen notwendig wurden, um den Anforderungen eines sich erweiternden Bewusstseins gerecht zu werden. Solche Verlagerungen führten meist zu noch größerem Chaos und zu einem Kulturschock, wodurch die Betroffenen anschließend in eine neue Lebensart geschleudert wurden. Es ist aber fraglich, ob in der Vergangenheit ein so dramatischer Wandel jemals die gesamte Weltbevölkerung gleichzeitig betraf. Heute jedoch ist es durch die Massenmedien für nahezu jeden möglich geworden, an den Veränderungen teilzuhaben, die das neue globale Bewusstsein mit sich bringt.

Wir geraten in einen Konflikt zwischen alten Mustern, mit denen wir jahrhundertelang gelebt haben, und einem neuen menschlichen Bewusstsein, das jetzt funktionstüchtige Institutionen entwickeln muss. In diesem Prozess gibt es einen verzweifelten, aber letztendlich vergeblichen Versuch, die geliebten alten Einrichtungen in einigen Punkten zu reformieren, um ihr Überleben in einer sich wandelnden Welt zu sichern. Benötigt wird jedoch ein ganz neues soziales Gefüge, das den Anforderungen unseres neuen Bewusstseins gerecht wird. Wir fürchten uns, weil wir die vertrauten Wege nicht verlassen wollen, solange der neue Lebensstil noch nicht erkennbar ist.

Inmitten eines sterbenden Mythos

Die früheren Vorstellungen, dass die politischen und religiösen Führer unsere Sicherheit garantierten, werden nun in Frage gestellt. Das trifft besonders auf Amerika und auf die reichen europäischen Nationen zu. Die Illusion oder der Mythos, dass alles in Ordnung ist und wir eine privilegierte Stellung innerhalb der Erdbevölkerung besitzen, wird nun sehr schnell von einer unvermittelten, neuen Realität zunichte gemacht. Viele haben längst schon erkannt, dass ihre lang gehegten Überzeugungen und Sicherheiten weniger zuverlässig sind, als sie angenommen hatten. Doch nicht für alle wird diese neue Erkenntnis einfach. Ein Meister der Weisheit formulierte es so: "Nach all dem, nach der endlosen und sinnlosen Zerstörung wird diese Welt aus einem dunklen, traumreichen Schlaf aufwachen — ein Erwachen, das beschwerlich und äußerst dramatisch ist."

Historisch gesehen brauchten die Menschen schon immer den Glauben an eine Kraft außerhalb ihrer selbst. Einige Philosophen bezeichnen das als Mythos; das heißt, als eine weitverbreitete Ansicht, die eigentlich nicht beweisbar ist. Nietzsche und Ibsen lehrten beide, dass das Leben solche lebensfördernden Illusionen braucht. Mythen sind der Klebstoff, der die Leute in einer kulturellen Einheit zusammenhält. Sie sind die stützenden Pfeiler jeder Zivilisation und sorgen für moralische Ordnung, für Zusammenhalt und schöpferische Kräfte.

Sobald der Mythos aber verloren geht, angezweifelt wird oder zu schwinden droht und vermeintliche Sicherheiten fehlen, woran die Menschen sich klammern können, kommen Unsicherheit und Ungleichgewicht auf. Moralische Gesetze schwinden und Chaos regiert. Anzeichen dafür sind bereits in all unseren Institutionen zu erkennen.

Es gibt viele historische Beispiele eines derartigen kulturellen Zerfalls und des damit einhergehenden Kulturschocks. Wir haben erlebt, was geschah, als die Europäer zu Beginn der europäischen Entdeckungszeit den traditionellen Gesellschaften in der Neuen Welt, in Afrika und

in Teilen Asiens ihren politischen Willen aufzwangen. In der Kolonialzeit, die darauf folgte, gerieten so manche außereuropäische Kulturen
in Aufruhr und Chaos und viele überlebten nicht.

Laut Joseph Campbell, dem Autor des Buches *Myths to Live By*,
befinden wir uns derzeit als Reaktion auf unseren eigenen absterben-
den Mythos mitten in einem solchen Chaos. Campbell bezieht sich auf
das Schicksal traditioneller Gesellschaften in der Vergangenheit und
vertritt die Ansicht: "Heute geschieht dasselbe mit uns. Unsere alten
aus den Mythen stammenden Tabus wurden von unseren eigenen modernen Wissenschaften erschüttert und überall in der zivilisierten Welt
verzeichnen wir ein Ansteigen von Unsitte und Verbrechen, geistiger
Verwirrung, Selbstmorden und Drogensucht, zerrütteten Familien, ent-
gleisten Jugendlichen, Gewalttätigkeit, Morden und Verzweiflung. Das
sind Tatsachen, keine Erfindung von mir."

Campbell und andere erkannten, dass die Menschheit in einen neuen
Bewusstseinszustand eintritt und die alten Wege, die alten Überlieferungen und auch die alten Institutionen nicht länger unseren heutigen
Bedürfnissen gerecht werden. Wir sind in dem Konflikt zwischen einer
rasch weichenden Illusion und eines hervorbrechenden neuen Bewusstseins gefangen. Die Anzeichen des Kulturschocks sind bereits unver-
kennbar.

Historischer Ausblick

Häufig werde ich von den Leuten gefragt, ob der Übergang vom alten
zum neuen Bewusstsein schmerzhaft sein wird. Sie fragen aus Angst
und wollen wissen, ob solche Schmerzen überhaupt notwendig sind.
Mich enttäuschen derartige Äußerungen jedes Mal wieder, weil sie auf-
zeigen, wie wenig die Menschen in den reichen Ländern von dem täglichen Elend wissen, in dem der größte Teil der Weltbevölkerung lebt.
Diejenigen von uns, die das große Glück haben, in einem der wenigen
besonders bevorzugten Länder zu leben – damit meine ich Amerika
und ein paar westeuropäische Länder – lassen es sich gut gehen; sie
brauchen daher auch am längsten, um die Notwendigkeit für eine
Generalüberholung des "Systems" zu erkennen.

Gerade die Amerikaner haben in der modernen Welt der "besitzen-den" und "besitzlosen" Nationen eine privilegierte Stellung. Es geht uns gut und wir haben eine Sicherheit, mit der nur wenige mithalten können. Momentan haben wir Arbeit für fast alle, eine Streitmacht, die schlagkräftiger ist als alle anderen auf der Welt und ein Wirtschafts-system, das vielen seiner Bürger große Vorteile verschafft. Daher über-rascht es nicht, dass nur wenige die Notwendigkeit für eine Verände-rung erkennen. Dass heute in vielen Teilen der Welt extremer Hunger, Hungertod, Armut, Krankheiten und Intoleranz herrschen, was für buchstäblich Milliarden Menschen ein Leben in Angst und Unsicher-heit bedeutet, scheint uns nicht sonderlich zu interessieren.

Doch das neue Bewusstsein, das die Billigung von Profitgier und Apathie in einer Welt voll Schmerz und Leid verurteilt, erfasst uns schnell, ob wir dies wahrnehmen oder nicht. Wenn diese "Flut" über uns hereinbricht, werden sich sicher viele fragen, wie sie so lange derart blind sein konnten. Vor zweitausend Jahren bescherte das junge Chri-stentum dem römischen Reich ein neues Bewusstsein und nur wenige privilegierte Bürger Roms sahen es herannahen.

Amerika ist heute in vielerlei Hinsicht mit dem alten römischen Reich zu vergleichen, dessen Bürger wohlgenährt und in Sicherheit waren. Ihre Armeen beherrschten den größten Teil Europas und Reich-tum floss in ihre Truhen. Die stolzen Römer hatten taube Ohren für das menschliche Elend in der von ihnen geschaffenen Welt. Fast das ganze Reich bestand aus Sklaven. Viele lebten in Armut und verhunger-ten — die Bilder von damals ähneln der Situation in den Entwicklungs-ländern von heute.

Als die ersten Anzeichen des Wandels sichtbar wurden, erkannten nur wenige römische Bürger die Notwendigkeit für eine Veränderung, weil sie sich selbst für zu stark und zu rechtschaffen hielten. Welche gewaltige Kraft sich hinter dem neuen Bewusstsein verbarg, das sich in der neuen christlichen Ära entfaltete, bemerkten sie nicht. Mit wach-sender Schlagkraft begann die tapfere kleine Christengruppe in den Institutionen Roms Veränderungen einzufordern, woraufhin sich das Kaiserreich und seine privilegierte Bürgerschaft widersetzte — genauso wie sich heute viele im Westen dem gegenwärtig offensichtlichen und auch notwendigen Wandel entgegenstellen. Als der Druck durch die Christen zur realen Bedrohung wurde, vollzogen die Römer lediglich einige kosmetische Anpassungen, um den neuen christlichen Idealen die Spitze zu nehmen. Vergleichbar reagieren heute auch die Weltbank und der Internationale Währungsfond auf ähnlichen Druck. Doch der Versuch der Römer, ihre alten imperialen Institutionen umzugestalten, genügte nicht zur Erhaltung des Reiches. Die Christen wollten einen *totalen* Wandel; sie sahen die Welt durch völlig neue Ideale. Der Rest ist Geschichte.

Ob im alten Rom oder im modernen Amerika von heute: Konfrontation mit einem neuen Bewusstsein bedeutet, dass die alten Formen aufgegeben und neue geschaffen werden müssen. Ich vermute, dass dieses Schicksal auch unseren gegenwärtigen Institutionen bevorsteht, ob sie nun politisch, wirtschaftlich, sozial oder religiös sind. Der große Unterschied liegt jedoch im Tempo einer solchen Reform. Was zu römischen Zeiten mehrere hundert Jahre zur Verwirklichung brauchte, wird heute in nur wenigen Jahrzehnten umgesetzt werden.

Die Menschheit am Scheideweg

Maitreya und die Meister der Weisheit treten jetzt, in dieser gefahrvollen Zeit, in unsere tägliche Lebenswelt, weil sie die Probleme der Menschen kennen und praktische Lösungen bereithalten. Es liegt jedoch an uns, ob wir uns zum Wandel bekennen und auch gewillt sind, die notwendige Arbeit zu erledigen. Wir müssen mit den Meistern zusammenarbeiten wollen — sie drängen sich uns nicht auf.

Wenn Sie dem christlichen Glauben angehören und Maitreya lieber Jesus Christus nennen, ist das vollkommen in Ordnung. Maitreya gibt uns jedoch deutlich zu verstehen, dass er nicht der gleiche Mensch ist wie zu römischer Zeit. "Früher kam ich als ein Mensch, der von vielen missverstanden und abgelehnt wurde. Heute kehre ich zurück, nicht um zu erobern, sondern um zu führen, um den Menschen ihr wahres Wesen als Söhne Gottes zu zeigen; um den Menschen zu zeigen, dass sie wirklich von hoch oben gekommen sind und daher weit gehen müssen." Mit Maitreyas Hilfe können wir die Umstellung beschleunigen und ohne Schmerzen in eine vollkommen neue Zeit gelangen oder in das "Neue Land", wie er es ausdrückt. Die Wahl liegt wie immer bei uns. Doch Maitreya und die Meister sagen, sie wüssten schon im Voraus, dass wir die richtige Wahl treffen und mit ihnen zusammenarbeiten werden, um eine neue, wahrlich verheißungsvolle Zeit einzuläuten.

Denjenigen, die Vorbehalte hinsichtlich dieser neuen Zeit haben, kann ich nur nachdrücklich entgegenhalten, dass die Ideale, die Jesus vor nahezu zweitausend Jahren aufzeigte, auch heute noch ihre volle Gültigkeit besitzen. Das Problem ist nur, dass die Menschheit diese Ideale noch nie wirklich umgesetzt hat. Wir erklären zwar, dass Brüderlichkeit, Teilen, Gerechtigkeit und Frieden unsere Ziele und eine wundervolle Philosophie sind, doch wir haben sie noch nirgendwo verwirklicht. Aus diesem Grund hielt es der Christus für notwendig, rechtzeitig in unsere Mitte zurückzukehren, um uns auf den richtigen Pfad zu geleiten, bevor wir uns und den Planeten zerstören.

Es ist an der Zeit, sich auf eine vollständige Abkehr von den gescheiterten Systemen und Institutionen der Vergangenheit einzustellen. Wir können uns nicht länger hinter den Mauern politischer und wirtschaftlicher Ideologien, staatlichen Nationalismus, religiösen Dogmen und anderen Spaltungstendenzen verstecken. Wir müssen unsere Herzen und unseren Verstand jetzt für ein neues Bewusstsein öffnen und durch die Errichtung neuer Strukturen ein Gefühl von Zusammengehörigkeit und moralischer Ordnung zurückgewinnen, damit wir den Bedürfnissen unseres neuen Gewahrseins und seinen Zielen gerecht werden.

Ich weiß, dass wir es schaffen können, denn unsere Helfer stehen bereit. Ich bin dem Initiator dieses Wandels selbst begegnet, und ich habe daher nicht den geringsten Zweifel, dass auf uns alle eine glorreiche Zukunft wartet.

Nachtrag

Mein neues Leben begann 1997 im Las Vegas-Tal in Henderson, Nevada, der am schnellsten wachsenden Stadt in den USA. Als ich in mein neues Zuhause am Rande der Wüste einzog, hatte ich keine Ahnung, dass innerhalb von vier Jahren Tausende von neuen Häusern die Wüste hinter meinem Haus bis zu den nahe gelegenen Bergen überziehen würden. Jedes Jahr schien die Stadt ihr Erscheinungsbild völlig zu verändern.

Schon seit einigen Jahren weiß ich, dass die Meister mich für ein bestimmtes Projekt, dessen Umfang mir allerdings bis heute noch nicht ganz klar ist, nach Henderson gesandt haben. Auch wurde mir bewusst, dass dieses neue Projekt wahrscheinlich nicht vor dem "Tag der Erklärung" beginnen wird, dem Tag also, an dem Maitreya im internationalen Fernsehen zur ganzen Weltbevölkerung spricht. Bis dahin sollte ich die Zeit nutzen und mich aktiv für die Wiederkehr-Geschichte einsetzen. Nach der Veröffentlichung meines Buches, ereigneten sich plötzlich erstaunliche Dinge. Zum ersten Mal seit meinem Umzug aus der amerikanischen Hauptstadt nach Nevada, hatte ich das Gefühl, dass Maitreyas Hervortreten jetzt einen neuen öffentlichen Bezug erreicht.

Vor den Weihnachtsfeiertagen 2000 erhielt ich einen Anruf von jemandem, der bei einem großen atomaren Forschungslabor in Kalifornien arbeitet. Er sagte, dass er ein Interview mit mir führen und es auf Video aufzeichnen wolle. Dabei bezog er sich auf einen Brief, den ich ihm angeblich zugesandt hatte. In diesem Brief ging es um neue Technologien und übermenschliche Wesen, die dieses Wissen zum Wohle der Menschheit zur Verfügung stellen. Zunächst dachte ich, er hätte den falschen Wayne Peterson erwischt, da ich von diesem Sachverhalt nichts wusste. Er versicherte mir jedoch, er habe einen Brief vorliegen und würde gerne meinen Namen und meine Telefonnummer an Freunde weitergeben, die an einem wichtigem Projekt für den amerikanischen

Kongress und den Präsidenten arbeiteten. Wie er diesen Brief mit meinem Namen erhielt, werde ich wohl nie erfahren, aber er öffnete mir eine weitere Tür zu einem völlig neuen Kreis von Menschen in Washington. Außerdem bestand der unbekannte Anrufer darauf, dass ich mich mit einem seiner Freunde aus Kalifornien über Henderson, Nevada, unterhalten solle.

Am folgenden Tag rief mich ein gewisser John aus San Francisco an. Er wollte wissen, was mich dazu bewogen hatte, meinen Wohnsitz nach Henderson zu verlegen, denn auch er sei dazu ermutigt worden, dorthin zu ziehen. John erzählte mir, dass jedes Mal, wenn er seinen Computer startete, das Gesicht eines Mannes erschien und ihn unverwandt ansah. Sein Kollege vom Atomlabor und auch andere Personen untersuchten das Bild mehrere Tage lang und mussten schließlich einsehen, dass es keine Möglichkeit gab, das Gesicht zu entfernen. Eines Tages, es waren Zeugen anwesend, erschien nicht nur das Gesicht, sondern auch eine Botschaft auf dem Bildschirm, die lautete: "Folge mir nach Henderson in Nevada." Daraufhin verschwand das Bild mitsamt der Botschaft und erschien nie wieder.

Einen Tag nach Erscheinen dieser mysteriösen Botschaft auf seinem Computerbildschirm fuhr John mit einem Freund nach San Francisco. Dabei fiel seinem Beifahrer auf der Fahrspur neben ihnen ein sonderbar farbiger Lastwagen auf, in dem zwei ebenso sonderbar aussehende Männer saßen. Beide waren weiß gekleidet und trugen eine weiße Kopfbedeckung. Sie lächelten und winkten John und seinem Freund zu. Dann geschah das Komische: Innerhalb weniger Minuten sahen John und sein Begleiter das gleiche Fahrzeug mit den gleichen Männern in Weiß plötzlich auf der anderen Seite der Schnellstrasse auf sie zukommen. John sagte, er wisse, wie unglaublich das klinge, aber es sei wirklich geschehen. Dieses und noch einige andere ungewöhnliche Vorkommnisse, die sich alle im Laufe einer Woche ereigneten, überzeugten ihn schließlich, seinen Wohnsitz nach Henderson zu verlegen, wie es ihm durch die Botschaft auf seinem Computerbildschirm aufgetragen worden war. John und seine Freunde wussten nichts von Maitreya und dem Prozess seines Erscheinens. Hätten sie davon gewusst, so würden sie das Gesicht auf dem Computerbildschirm vielleicht als das von Maitreya erkannt haben. Auch bin ich mir ganz sicher, dass Maitreya und einer der Meister in dem Lkw saßen, der auf der Schnellstraße Wunder vollbrachte. Wenn die Meister auf sich aufmerksam machen wollen, finden sie oft sehr kreative Wege.

Im gleichen Monat hielt ich in einer Stadt zwischen San Francisco und Los Angeles, Kalifornien, einen Vortrag über Maitreya und seine Wiederkehr. Ich kam gerade zum Schluss meiner Ausführungen, als eine Frau den Raum betrat. Nachdem ich geendet hatte, kam sie auf mich zu und entschuldigte sich, dass sie nicht rechtzeitig zu meinem Vortrag gekommen sei, aber sie habe nichts davon gewusst, bis sie draußen den Aushang gesehen habe. Sie fragte, ob ich mich an sie aus der Zeit im diplomatischen Dienst erinnere. Da ich mich nicht erinnern konnte, erklärte sie, sie sei im diplomatischen Dienst der Vereinigten Staaten tätig gewesen, habe sich jedoch 1997 entschlossen, auszuscheiden und in den Westen zu ziehen. Ich sagte ihr, dass auch ich im gleichen Jahr in den Westen umgezogen war und meine Stellung bei der Bundesregierung gekündigt hatte. Im Laufe unseres Gesprächs stellten wir fest, dass wir beide im Einzugsgebiet von Las Vegas in Nevada lebten. Als ich sie fragte, warum sie ihre Regierungsstelle aufgegeben habe und nach Nevada gezogen sei, antwortete sie, dass die Meister der Weisheit sie darum gebeten hätten.

In Nevada trafen wir uns zum Essen wieder und entdeckten viele interessante Parallelen in unseren Leben. Auch sie wusste, dass sie eines Tages, sobald die Aufgabe für Maitreya beginnt, "zufällig" auf Personen stoßen würde, die ebenfalls an dieser Arbeit mitwirken. Besonders interessant war für mich die Tatsache, dass sie Benjamin Creme schon vor dreißig Jahren in London getroffen hat, also noch bevor Maitreya in London erschienen war und diese Stadt zum Zentrum seines Wirkens erkor.

Wenige Monate später, am Osterwochenende 2001, hielt ich auf einer Tagung in Montreal, Kanada, einen Vortrag. Unmittelbar nach mir sollte der Hauptredner der Veranstaltung sprechen, der wegen seiner zahlreichen Bücher über Todeserfahrungen bei einem großen Publikum bekannt ist. Auch er hatte jahrelang mit Senatoren in Washington D.C. zusammengearbeitet. Als ich meinen Vortrag beendet hatte, kam dieser Herr auf mich zu und fragte: "Wohnen Sie wirklich in Henderson, Nevada?" Zu meiner Überraschung erfuhr ich von ihm, dass auch er ein Haus in Henderson, Nevada, besitzt und zwar ebenfalls im Grünen Tal. Schließlich fanden wir heraus, dass wir sogar in der gleichen Straße wohnten – nur an entgegengesetzten Enden. Genau wie die Frau aus dem diplomatischen Dienst, die ich zufällig in Kalifornien getroffen hatte, war er 1997 hierher übergesiedelt. Die Meister hatten ihn gebeten, seinen Wohnort nach Henderson zu verlegen.

Es ist beruhigend zu wissen, dass ich mit meinem seltsamen Umzug nach Henderson nicht der Einzige bin. Ich habe jetzt die positive Gewissheit, dass die Meister auch andere hoch motivierte und erfahrene Menschen in diese Stadt gesandt haben, damit sie bei einem Unternehmen, das dem Wohle der Menschheit dient, zusammenarbeiten.

Anhang
Die Lehren der Zeitlosen Weisheit

Seit uralten Zeiten wird eine Sammlung geistiger Lehren, auch "Zeitlose Weisheit" genannt, von Generation zu Generation weitergegeben. Gewöhnlich geschieht dies auf mündlichem Weg — von Lehrer zu Schüler. Diese Lehren beschreiben systematisch und umfassend, wie sich im Menschen und in der Natur Bewusstsein entwickelt, wie das Universum entstand, wie es funktioniert und welcher Platz dem Menschen darin zukommt.

"Esoterik", wie dieses Wissen manchmal genannt wird, betont die geistigen Kräfte und Einflüsse hinter der sichtbaren Welt der Phänomene und den Prozess der Bewusstwerdung und Meisterung dieser Kräfte. Seit jeher ist die Zeitlose Weisheit die Quelle der Künste und Wissenschaften wie auch das gemeinsame Fundament aller Weltreligionen.

Göttliche Boten

Der Zeitlosen Weisheit zufolge ist der Fortschritt der Menschheit vor allem dem Einfluss von erleuchteten Lehrern zu verdanken. Zu Beginn eines neuen kosmischen Zyklus oder Zeitalters – einer Periode von ungefähr 2.150 Jahren – sendet die Geistige Hierarchie jedes Mal einen der Meister aus ihren Reihen in die Welt, um der Menschheit eine neue Botschaft zu bringen und sie in das nächste Zeitalter zu führen. Solche Lehrer sind uns in der Vergangenheit als bedeutende historische Persönlichkeiten wie Herkules, Hermes, Rama, Konfuzius, Zoroaster, Krishna, Buddha, Christus und Mohammed bekannt.

Man nennt sie auch "Avatare" — ein Begriff aus dem Sanskrit, der übertragen bedeutet "von weit herabgekommen". Diese göttlichen Sendboten reagieren auf die jeweiligen Bedürfnisse der Menschheit. Sie stellen perfekte Vorbilder jener Göttlichkeit dar, die *potenziell* in jedem Menschen vorhanden ist. Ihre Lehren hatten einen derart großen Einfluss auf die gesamte Welt, dass man ihre Namen und Geschichten aufgezeichnet und über Tausende von Jahren in Erinnerung behalten hat.

Bei der Rückkehr eines großen spirituellen Lehrers, das versprechen die Schriften der großen Religionen, werden den Menschen weitere Offenbarungen gegeben. Heute hoffen die Christen auf die Wiederkehr Christi, die Juden erwarten den Messias, die Hindus warten auf Krishna und die Buddhisten schauen erwartungsvoll auf die Ankunft des Fünften (Maitreya) Buddha. Studierende der Zeitlosen Weisheitslehren wissen, dass mit all diesen verschiedenen Namen ein und dasselbe Individuum gemeint ist — Maitreya, der Weltlehrer.

In der *Bhagavad Gita*, dem heiligen Buch der Hindus, heißt es: "Um der Erlösung der Gerechten willen und zum Verderben derer, die Übles tun, der kraftvollen Aufrichtung des Gesetzes wegen komme Ich wieder in die Welt, in einer Zeitenwende nach der anderen."

Jetzt, da wir in ein solches neues Zeitalter eintreten, haben wir die Gelegenheit, uns in einer bisher nie dagewesenen Weise auf das Eintreffen des Lehrers vorzubereiten. Mit der heutigen Satelliten-Technologie, die nahezu in jedem Land der Welt verfügbar ist, wird es uns allen möglich sein, Maitreya und einige der Meister im internationalen Fernsehen zu sehen.

Benjamin Creme erklärte, dass Maitreya zunächst auf einem großen amerikanischen Sender und danach im englischen und japanischen Fernsehen erscheinen wird. Interviews in anderen Ländern sollen folgen. Schließlich wird er sich in einer weltweiten Übertragung der ganzen Menschheit vorstellen. Dieser "Tag der Erklärung" wird ein bemerkenswertes Ereignis sein und den Charakter des biblischen Pfingstfestes haben. Laut Benjamin Creme wird Maitreya telepathisch zu allen Menschen sprechen und viele Tausende heilen und damit seine Göttlichkeit beweisen.

Vielleicht fällt es uns derzeit noch schwer, zu verstehen, dass in Gottes Plan äußere Formen und Bezeichnungen für die Entwicklung der menschlichen Rasse unwichtig sind. Wir werden jedoch feststellen, dass wir nichts zu befürchten haben, sondern ganz im Gegenteil, den Himmel gewinnen, wenn wir nur einfach erkennen, dass Gott in uns und in jedem menschlichen Wesen wohnt — und in der gesamten Schöpfung allgegenwärtig ist. Die neue Herausforderung für die Menschheit liegt in dem Ziel, über die Form hinauszugelangen und den göttlichen Geist oder das Selbst zu erkennen.

Irdische Botschafter

Mit zunehmender Reife der Menschheit werden uns weitere Aspekte dieses ehemals verborgenen Wissens zugänglich gemacht. Im Verlauf der letzten hundert Jahre wurden die Lehren der Zeitlosen Weisheit hauptsächlich durch die Schriften von vier außergewöhnlichen Menschen übermittelt. Ich möchte jeden ermutigen, die Werke dieser geistigen Pioniere zu lesen, da sie ein Grundwissen für dieses neue, bereits begonnene Zeitalter vermitteln. Oft genug werden inspirierte Botschafter missverstanden oder von denen verleumdet, die ihre Ansicht nicht teilen. Den Weltreligionen, die sich hinter ihren eigenen Dogmen verschanzen, fällt es schwer, diese Lehren mit ihren eigenen in Beziehung zu setzen. Unter Maitreyas Obhut werden uns jedoch die jahrtausendealten Lehren verständlicher werden, und mit der Zeit werden wir erkennen, dass sie in Wirklichkeit mehr Ähnlichkeiten als Unterschiede aufweisen.

Helena Petrowna Blavatsky

Durch die Bücher und Lehren von Helena Petrowna Blavatsky (1831-91) wurde der Menschheit erstmals die Geistige Hierarchie vorgestellt. Im Jahre 1877 veröffentlichte Blavatsky ihr erstes großes Werk, *Isis entschleiert,* in dem sie ihre Kontakte zu östlichen Adepten oder Meistern und das Studium ihrer Lehren offen legt.

Ihr zweites großes Werk, *Die Geheimlehre,* die 1888 herausgegeben wurde, gewährte der Öffentlichkeit einen Einblick in verschiedene, damals noch wenig bekannte Aspekte der geistigen Entwicklung der Menschheit. Blavatsky berief sich darauf, die Botschafterin dieser Gruppe von Meistern zu sein, die ihr das Material für ihre Bücher übermittelten. Die Meister, sagte sie, seien lebendige Menschen, denen sie, in den 20 Jahren, in denen sie die Welt bereiste, immer wieder begegnet war. Mehr als sonst jemand hat Blavatsky Begriffe wie „Hierarchie der Meister", „Bruderschaft der Meister" oder „Große Weiße Bruderschaft", dem menschlichen Denken nahegebracht und die Namen der Meister Koot Hoomi, Djwhal Khul, Morya und anderer öffentlich bekannt gemacht.

Madame Blavatsky führte auch eine Palette psychischer Phänomene vor, da sie damit hoffte, einen Beweis für die Existenz der unsichtbaren energetischen Kräfte zu erbringen, die der Menschheit bislang noch unverständlich waren.

Die Darbietung dieser Phänomene ließen jedoch viele Leute an ihrer Aufrichtigkeit zweifelten, denn die Kunststücke, die sie vorführte, waren den meisten oft zu phantastisch, als dass sie akzeptiert werden konnten. Dennoch war Helena Blavatsky eine einzigartige Persönlichkeit ihrer Zeit, deren Bücher bis heute noch überall erhältlich sind. Sie erwies der Menschheit einen großen Dienst, indem sie die Zeitlose Weisheit, die Hierarchie der Meister und den Weltlehrer Maitreya öffentlich bekannt machte. In ihren Büchern treffen sich Ost und West, und sie zeigt anschaulich, dass die beiden spirituellen Überlieferungen in der Tat die gleiche, ewige Botschaft verkünden.

Helena Blavatsky war die maßgebliche Begründerin der Theosophischen Gesellschaft. Nach ihrem Tod führten andere ihr Werk fort; doch richteten sie ihr Augenmerk mehr auf die Vorbereitungen für den kommenden Weltlehrer. Blavatsky selbst hatte immer gelehrt, dass dieser Lehrer am Ende des 20. Jahrhunderts zu erwarten sei. Da die neuen Leiter der Organisation nicht recht glauben konnten, dass Maitreya, der Christus, wahrhaftig in einem physischen Körper erscheinen würde, suchten sie nach einem geeigneten "Träger" oder "Heiligen", in den, wie sie glaubten, der Geist Christi herabsteigen würde. Nach ihrer Vorstellung würde diese Vereinigung der geistigen und physischen Welt, wie sie schon früher bei Jesus stattfand, den Weltlehrer hervorbringen.

Jiddu Krishnamurti

Im Jahre 1909 wurde der junge Inder J. Krishnamurti von den Leitern der Theosophischen Gesellschaft entdeckt und als der "Träger" für den kommenden Weltlehrer angekündigt. Um die Welt auf dieses Ereignis vorzubereiten, wurde zwei Jahre später, 1911, der "Sternenorden" gegründet. Nach Jahren sorgfältiger Schulung wandte sich Krishnamurti jedoch von der Rolle eines Welterlösers ab. Er glaubte nicht länger, dass der Christus ihn für die Aufgabe eines Weltlehrers brauchte. 1929 löste Krishnamurti den Orden auf und begann als unabhängiger geistiger Lehrer zu arbeiten. Einen Großteil seines Lebens verbrachte er mit Vorträgen vor Millionen von Menschen in der ganzen Welt. Seine Vorträge wurden aufgezeichnet und in zahlreichen Büchern sowie auf Tonbändern wiedergegeben, die in einer klaren Sprache seine Denkweise darlegen. Wie Benjamin Creme und ein enger Mitarbeiter Maitreyas erklärten, waren Krishnamurtis Vorträge über das Verstehen des Lebens (meiner Ansicht ist dies bei Maitreya die "Kunst der Selbstverwirklichung") direkt von Maitreya inspiriert. Wer daher schon jetzt die Grundlagen der künftigen Lehren Maitreyas kennen lernen möchte, sollte Krishnamurtis Bücher lesen.

Alice A. Bailey

Nach Madame Blavatsky brachte die vormalige Theosophin und Begründerin von Lucis Trust und der Arkanschule, Alice A. Bailey, eine Reihe von Büchern heraus, die ebenfalls von einem Meister der Weisheit inspiriert waren. In telepathischem Kontakt mit dem Meister Djwhal Khul begann Alice Bailey 1919 in Kalifornien ihre Arbeit. Djwhal Khul, der oft einfach "der Tibeter" genannt wird, diktierte ihr 18 Bücher — ein Projekt, von dem man anfangs annahm, dass es sich über etwa 30 Jahre erstrecken würde. Erstaunlicherweise war die Arbeit tatsächlich nach genau 30 Jahren beendet. Nur knapp 30 Tage danach starb Alice A. Bailey.

Es war Alice Bailey, die 1948 in ihrer Veröffentlichung *Die Wiederkunft Christi* die ausführlichsten Angaben über das voraussichtliche Erscheinen des erwarteten Weltlehrers – Maitreya – machte. In diesem Buch erklärt sie, dass in den spirituellen Kreisen der östlichen wie auch der westlichen Welt seit Jahrzehnten schon mit der Wiederkunft Christi gerechnet wird. Obwohl der Christus heute hauptsächlich mit dem

Christentum in Verbindung gebracht wird, ist er ebenso der Avatar oder Aspekt Gottes, der unter verschiedenen Namen von Gläubigen in der östlichen Welt erwartet wird. So lesen wir unter anderem in der *Bhagavad Gita* (Buch IV, Sutra 7-8): "Immer wenn die Wirkung der Gesetze nachlässt und allerorts Gesetzlosigkeit sich erhebt, erscheine Ich."

Helena Roerich

Helena Roerich kam 1879 in St. Petersburg, Russland, als Tochter eines bekannten Architekten zur Welt. Als Schülerin des Meisters Morya erhielt sie von ihm sowie vom Meister Koot Hoomi und auch von Maitreya telepathisch eine Reihe von Unterweisungen, die die Agni Yoga Gesellschaft in den Jahren 1924 bis 1939 veröffentlichte. Wie schon früher erwähnt, gab Helena Roerich während des Weltkrieges Informationen der Meister an Präsident Franklin Roosevelt weiter. Laut Benjamin Creme waren die Lehren in ihren Büchern auch dazu bestimmt, "die Jünger hinsichtlich der Gefahren des kommenden Krieges in Alarmbereitschaft zu versetzen und sie zu konstruktivem Handeln in Übereinstimmung mit den Absichten der Hierarchie zu veranlassen". Das erste Buch, *Blätter des Gartens Morya — Der Ruf*, Band I, wurde von Maitreya selbst diktiert und offenbart die Pläne für seine bevorstehende Rückkehr. Helena Roerich schrieb in einem Brief vom 24. Februar 1930: "Maitreyas Epoche ist bereits angekündigt; die Vorzeichen sind wie eine feurige Saat verstreut. Daher wird für diejenigen, die dem Kosmischen Magneten folgen, die bedrohliche Zeit von Licht erfüllt sein."

Maitreyas Weg in die Öffentlichkeit — eine Chronologie

Nachstehende Angaben wurden freundlicherweise von der Stiftung *Share International* zur Verfügung gestellt.

Januar 1959: Der britische Künstler und Esoteriker Benjamin Creme wird erstmals von einem Meister der Weisheit kontaktiert und erhält eine telepathische Mitteilung. Drei Monate später bietet ihm Maitreya persönlich die Aufgabe an, bei der öffentlichen Bekanntmachung seiner Rückkehr zu helfen. Maitreya erklärt: "Ich komme selbst — früher als irgendjemand es für möglich hält. Das wird in etwa 20 Jahren sein; du wirst bei meinem Wiedererscheinen eine Rolle spielen, wenn du diese Aufgabe annimmst." Creme stimmt zu und unterzieht sich zur Vorbereitung auf seine kommende Aufgabe einer intensiven Schulung.

Seit 1974 ist Benjamin Creme die wichtigste Informationsquelle für das Erscheinen Maitreyas, des Weltlehrers. Er hält zu diesem Thema weltweit Vorträge und gibt Hunderte von Interviews in Radio, Fernsehen und Zeitschriften. Cremes Informationen über die Ankunft Maitreyas sind bislang in acht Büchern publiziert und von vielen Gruppen, die auf seine Botschaft ansprechen, in zahlreiche Sprachen übersetzt.

Im Juli 1977 verlässt Maitreya, laut Benjamin Creme, sein Zentrum im Himalaya und kommt mit dem Flugzeug von Pakistan nach London, seinem "Brennpunkt" in der modernen Welt. Damit erfüllt sich die biblische Prophezeiung, dass der Menschensohn "aus den Wolken komme". "Wie ein Dieb in der Nacht" kehrt er zu den Menschen zurück. Maitreya lässt sich in der pakistanisch-indischen Gemeinde von London nieder, wo er bald zum Fürsprecher der Unterprivilegierten wird und sich modernen – das heißt politischen, wirtschaftlichen und sozialen – Problemen widmet.

Mai 1982: Auf einer internationalen Pressekonferenz in Los Angeles gibt Creme erstmals bekannt, dass Maitreya in der asiatischen Gemeinde in London lebt und fordert die Medien zu einer symbolische Suche nach Maitreya auf. Diese Suche, so Creme, würde die Bereitschaft der

Menschen zeigen, Maitreyas Hervortreten zu beschleunigen und Maitreya erlauben, sich zu erkennen zu geben, ohne den freien Willen der Menschen zu verletzen. Doch die Medien folgen Cremes Einladung nicht. Einen Tag nach der Pressekonferenz bricht der Falkland-Krieg aus und keine der großen Nachrichtenagenturen macht sich jetzt noch die Mühe, den Informationen von Creme nachzugehen.

August 1987: Benjamin Creme erklärt: "In den kommenden drei bis vier Monaten wird Maitreya intensiv daran arbeiten, in den internationalen Beziehungen einen Durchbruch zu erzielen." Kaum einen Monat später führen politische Treffen zwischen den Amerikanern und den Sowjets zu einem Abrüstungsabkommen, das niemand für möglich gehalten hatte.

April 1988: Ein enger Mitarbeiter Maitreyas beginnt regelmäßig Maitreyas Prognosen und Kommentare zu Weltereignissen, die Maitreya aufgrund seiner Kenntnis des Gesetzes von Ursache und Wirkung macht, an zwei Londoner Journalisten zu übermitteln. Zwischen 1988 und 1993 werden diese Informationen weltweit über Pressemitteilungen verbreitet und monatlich in der Zeitschrift *Share International* veröffentlicht. Wochen, Monate und sogar Jahre vor ihrem Eintreffen, sagt Maitreya dramatische und unerwartete internationale Ereignisse voraus. Zu diesen Ereignissen gehören die Wiederannäherung zwischen den USA und der UdSSR; die zunehmende Macht "der Stimme des Volkes", die sich in äußerst dramatischer Weise in Osteuropa Gehör verschaffte; der Zusammenbruch des Kommunismus in der Sowjetunion; die Freilassung von Nelson Mandela und das Ende der Apartheid in Südafrika; das Ausscheiden von Margaret Thatcher aus dem Amt (eine Vorhersage, die auf dem Höhepunkt ihrer politischen Popularität gemacht wurde); die Niederlage von George Bush in der US-Präsidentschaftswahl von 1992; die Friedensinitiativen im Nahen Osten und in Nordirland; die Erdbeben 1988 in Armenien und 1989 in Kalifornien und China; sowie ein erwachendes globales Umweltbewusstsein.

Juni 1988: Maitreyas Mitarbeiter erklärt: "Die Zeichen von Maitreyas Anwesenheit in der Welt werden zunehmen ... Er wird die

Welt mit Ereignissen überfluten, die der Verstand nie wird begreifen können." Innerhalb weniger Monate werden in der Nähe von Los Angeles und später auch in Kanada, Frankreich, England, Japan, Neuseeland und den Philippinen "Lichtkreuze" in den Fenstern von Wohnhäusern entdeckt. Zusammen mit diesem Phänomen treten weitere unerklärliche Ereignisse auf, wie weinende Marienstatuen; Marien- und Jesuserscheinungen; Kornkreise; Begegnungen mit "Engeln" und mit Anhaltern, die sich in Luft auflösen. Mit der weltweiten Zunahme der Zeichen und Wunder nimmt auch die Berichterstattung der Medien darüber zu.

11. Juni 1988: Maitreya erscheint wie "aus dem Nichts" auf einer christlichen Gebetsveranstaltung in Nairobi, Kenia. Die Versammelten halten ihn auf Anhieb für den Christus. Tausende von Menschen hören seine Worte in ihrer Landessprache (Suaheli), und viele berichten hinterher, von schweren Krankheiten geheilt worden zu sein. Laut einem Bericht der *Kenya Times* soll ein Mann beobachtet haben, wie Maitreya anschließend nach einigen Schritten plötzlich wieder im Nichts verschwand. Maitreya wird von einem anwesenden Fotografen der *Kenya Times* fotografiert, woraufhin internationale Nachrichtenagenturen die Geschichte aufgreifen und weltweit darüber berichten.

1991 bis heute: Maitreya setzt die wundersamen Erscheinungen weltweit fort. Wie 1988 in Kenia, zeigt er sich vor allem auf Versammlungen strenggläubiger Gruppen unterschiedlichster Konfessionen. Vor seinem Erscheinen lädt er in der Nähe der Erscheinungsorte Wasser mit heilender Energie auf. Solche Heilquellen wurden bereits in Mexiko, Deutschland und auch in Indien entdeckt und Millionen Menschen pilgerten seither dorthin. Viele behaupten, nach der Einnahme des Wassers von Krankheiten wie AIDS, Krebs, Arthritis oder Grünem Star geheilt zu sein.

Viele weitere unerklärliche Ereignisse machen Schlagzeilen. Dazu gehört auch das 1995 weltweit aufgetretene Milchwunder: Hinduistische Götterfiguren "tranken" den Berichten zufolge die von Gläubigen wie Skeptikern dargereichte Milch. Und im Nahen Osten und in Großbritannien entdeckten Muslime auf und in Gemüse heilige Botschaften in vollendeten arabischen Schriftzügen.

Prioritäten: Maitreyas vordringlichstes Anliegen ist, uns dazu anzuregen, die hungernden Menschen in der Welt zu ernähren, die trotz eines Nahrungsmittelüberschusses von zehn Prozent pro Kopf täglich zu Tausenden sterben müssen. Auf seinem Prioritätenkatalog folgen: angemessene Wohnverhältnisse, Gesundheitsfürsorge und Bildung als universelles Recht. Gleichzeitig wird seine Präsenz zu einem neuen Verständnis der Natur und zu einer Vielzahl durchgreifender Lösungen zur Bewältigung der Umweltkrise führen.

Lehren: Maitreya ist nicht gekommen, um eine neue Religion zu stiften. Er ist Lehrer und Ratgeber für die ganze Menschheit — ungeachtet einer religiösen Zugehörigkeit. Er wird uns zeigen, das Prinzip der Liebe in allen unseren Beziehungen anzuwenden — sei es auf wirtschaftlichem, politischem, pädagogischem, kulturellem oder sozialem Gebiet.

Er wird uns Wege zeigen, wie wir unsere eigene Göttlichkeit, unser eigentliches Wesen als Seele erkennen können. Aus diesem besseren spirituellen Verständnis und der schöpferischen Kraft heraus wird eine neue Lebendigkeit, Harmonie und Freude entstehen. Wir werden das Prinzip des Teilens erlernen und ein tiefgehendes Verständnis für die Einheit allen Lebens entwickeln.

Anmerkungen

Kapitel (Seite 45-52): Ein Versprechen geht in Erfüllung
1. Eine vor wenigen Jahren in der Zeitschrift *Time* veröffentliche Umfrage ergab, dass 69 Prozent der Amerikaner an die Existenz von Engeln glauben; 32 Prozent (81 Millionen Menschen) berichteten, sie hätten Begegnungen mit Engeln gehabt. Diese "Engel" sind meiner Ansicht nach Meister der Weisheit.

Kapitel (Seite 66-75): Noch ein Treffen mit Maitreya
1. Ich kann hier nicht alle Einzelheiten des Treffens darlegen; auch wurden mir Sinn und Zweck erst viel später offenbart. Als ich mich zum ersten Mal in der "anderen Dimension" befand, entdeckte ich noch weitere Personen, die wahrscheinlich die gleiche bemerkenswerte Erfahrung machen sollten. Während der darauf folgenden Ereignisse waren auch einige Meister zugegen. Doch als Maitreya mir seine Aufmerksamkeit zuwandte, hatte ich den entschiedenen Eindruck, allein mit ihm und meinen Begleitern, den beiden Meistern, zu sein.
2. Da es eine telepathische Unterredung war, geben die Worte nur annähernd den Wortlaut wieder.

Kapitel (Seite 98-108): Hinweise aus der ganzen Welt
1. *Share International,* Ausgaben Juni 1988 bis Dezember 1999.
2. *Share International*, 11. Jahrgang, Nr. 1 – Januar/Februar 1992, Seite 27/28.
3. "Interviews mit Maitreyas Mitarbeiter: Gewaltige Veränderungen in der gegenwärtigen Politik", von einem Fernsehjournalisten, *Share International*, 9. Jahrgang, Nr. 1 – Januar/Februar 1991, Seite 7.
4. Stigmata: Nicht erklärbare Blutungen an Händen, Füßen, Stirn oder Brustkorb, die an die Wunden des gekreuzigten Körpers Jesu erinnern.

5. "Die Wiederkehr, UFOs und die Zukunft der Menschheit", ein Interview mit Giorgio Bongiovanni, *Share International*, 16. Jahrgang, Nr. 5 – Juni 1998, Seite 15.

Kapitel (Seite 119-129): Eine neue Art der Wohnungssuche
1. In den esoterischen Lehren wird es das "Ajna-Zentrum" genannt. Es ist eines der sieben Haupt- oder Energiezentren (Chakras) im menschlichen Körper.
2. In seinem Buch mit dem Titel: *Telepathy: the Cosmic or Universal Language*, Teil III, erklärt George Adamski, dass wir Menschen telepathische Botschaften empfangen können. Allerdings ist dies nur möglich, wenn unser Denken frei von Furcht, Zorn, Ärger und Sorgen ist. Seiner Ansicht nach sind wir häufig telepathisch, wenn wir beispielsweise leichte Hausarbeit erledigen, da unser Verstand dann gewöhnlich ruhig und aufnahmebereit ist. "Wer seine Gedanken sorgfältig beobachtet", sagt Adamski, "wird bemerken, dass viele wirklich universelle Gedanken einfließen, wenn man zufrieden und physisch beschäftigt ist." Bei mir war es das Staub saugen!

Kapitel (Seite 130-142): Wer nach Zeichen sucht ...
1. "Goldene Lichtkreuze" von Carrol Joy, *Share International*, 6. Jahrgang, Nr. 6 – Juli/August 1988, Seite 7.
2. "19 Stunden in Knoxville, Tennessee", von Buddy Piper, *Share International*, 14. Jahrgang, Nr. 6 – Juli/August 1996, Seite 9.
3. "Maitreyas soziale Anliegen", *Share International*, 6. Jahrgang, Nr. 6 – Juli/August 1988, Seite 11.
4. "...ein Zeichen dafür, dass eine große Seele herabgekommen ist", *Share International*, 13. Jahrgang, Nr. 9 – November 1995, Seite 7.
5. "Weeping Virgin of Las Vegas", von Carole Ashley, *Share International*, 18. Jahrgang, Nr. 6 – Juli/August 1999, Seite 12.
6. 1531 erschien Diego die Gottesmutter als dunkelhäutige Jungfrau, um den Armen Hoffnung zu bringen. Sie forderte ihn auf, zu Bischof

Zumárraga zu gehen und ihm mitzuteilen, dass er am Erscheinungsort auf der Tepayac-Anhöhe eine Kirche bauen soll. Als Diego dem Bischof von der Vision erzählte, bestand dieser auf ein Zeichen, bevor er es tatsächlich glauben könne. Zur Bekräftigung von Diegos Geschichte schuf "Unsere liebe Frau" nicht nur außerhalb der Jahreszeit Rosen, sondern prägte ihr Abbild auf den Umhang von Diego, damit der Bischof es sehen konnte. So wurde die Erscheinung der Jungfrau 1531 als wahres Wunder offiziell bestätigt und bis heute als "Unsere Frau von Guadalupe" verehrt.

7. "Der Name ‚Allah' auf Eiern und Bohnen", *Share International*, 15. Jahrgang, Nr. 9 – November 1997, Seite 19.

8. "Die weiße Büffelkalb-Frau versprach wiederzukommen", *Share International*, 14. Jahrgang, Nr. 7 – September 1996, Seite 21.

9. "Rotes Kalb als Zeichen für den kommenden Messias", *Share International*, 15. Jahrgang, Nr. 8 – Oktober 1997, Seite 25.

10. "Regenbogenfarbenes Licht strömt aus Maitreyas Bild", *Share International*, 11. Jahrgang, Nr. 3 – April 1993, Seite 9.

11. "Wunder in Tibet", *Share International*, 18. Jahrgang, Nr. 10 – Dezember 1999, Seite 28.

12. "Letter to the Editor", *Share International*, 19. Jahrgang, Nr. 4 – Mai 2000, Seite 19.

Kapitel (Seite 143-152): Die Meister in Medjugorje

1. *Visions of the Children* (überarbeitete Ausgabe 1998) und *Meetings with Mary: Visions of the Blessed Mother* von Janice T. Connell sind nur zwei ihrer vielen Bücher.

2. Die meisten Katholiken bezeichnen sie als Jungfrau Maria. Welchen Namen auch immer wir ihr geben, Tatsache ist, die Erscheinung hat die Menschheit mit vielen Botschaften bedacht und auch für zahlreiche andere Wunder in der Welt gesorgt.

3. Seit 1977 wurden Maitreyas Lehren in einer Reihe von 140 Botschaften durch Benjamin Creme und in Interviews mit Cremes Meister übermittelt. Diese Informationen wurden in Cremes Büchern und

in der Zeitschrift *Share International* veröffentlicht. Im Jahr 1988 begann Maitreyas Mitarbeiter in der asiatischen Gemeinde in London, Passagen von Maitreyas Lehren an zwei Londoner Journalisten weiterzugeben, die diese in der Zeitschrift *Share International* und durch etliche Pressemitteilungen öffentlich zugänglich machten. Von J. Krishnamurtis Lehren sagt man, dass sie genau das ausdrücken, was Maitreya im neuen Zeitalter lehren wird.

4. Alle Zitate der Seherinnen von Medjugorje stammen aus dem Buch von Janice T. Connell, *Visions of the Children,* 2. Auflage, St. Martin's Press, New York 1998. [Eine deutsche Übersetzung liegt noch nicht vor; Anm. des Hrsg.]

5. J. Krishnamurti, *Der Flug des Adlers*, Fischer Taschenbuch Verlag [englische Originalausgabe: Harper & Row, 1972]. Das Buch ist eine Zusammenstellung der Krishnamurti-Vorträge in London, Amsterdam, Paris und Saanen (Schweiz).

Kapitel (Seite 161-168): Versprechen einhalten

1. Irgendwann fand ich heraus, dass der biblische Johannes (der Lieblingsjünger Jesu) jetzt der Meister Koot Hoomi ist [*Share International*, 14. Jahrgang, Nr. 2 – März 1996, Seite 32]. Andere Meister, die eng mit der Menschheit zusammenarbeiten, sind der Meister Morya, der Meister Serapis, der Meister Hilarion und der Meister Rakoczi. Jeder von ihnen hat früher schon einmal unter uns gelebt. Sie sind uns bekannt als herausragende historische Persönlichkeiten wie Pythagoras, Francis Bacon, der Heilige Paulus und der Graf von Saint Germain, um nur einige von ihnen zu nennen.

Quellen und Literaturempfehlungen

Mehr über meine bevorstehenden Vorträge und Interviews sowie über die neuesten Entwicklungen seit Veröffentlichung dieses Buches erfahren Sie auf meiner Website unter:
www.waynepeterson.com

Im Folgenden sind einige empfehlenswerte Bücher aufgeführt, die sich auf die in diesem Buch angesprochenen Themen beziehen und näher darauf eingehen. Viele der genannten Autoren haben zahlreiche Bücher geschrieben, und in einigen Fällen gibt es Hör- oder Videoaufzeichnungen von ihren Vorträgen. Über die hier angegebenen Kontaktadressen können gegebenenfalls ausführliche Informationen über weiteres verfügbares Material angefordert werden.

Maitreya — Christus und die Meister der Weisheit
von Benjamin Creme (Edition Tetraeder, München 1986)
Benjamin Cremes erstes Buch informiert über die Hintergründe für die Wiederkehr Maitreyas, des Christus; über die Ereignisse, die damit in Zusammenhang stehen und über deren Auswirkungen auf die bestehenden Institutionen; über den Antichrist und die Kräfte des Bösen; über die Seele und Reinkarnation; Telepathie; Kernenergie; über frühere Zivilisationen; über die Probleme der Entwicklungsländer und über eine neue Weltwirtschaftsordnung.

Maitreyas Mission
von Benjamin Creme (Edition Tetraeder, München, Band I: 1990, Band II: 1994, Band III erscheint demnächst)
Jeder Band zeigt die neuesten Entwicklungen über das Hervortreten Maitreyas und der Meister der Weisheit auf. Dazu gehören Themen wie: die Aufgaben und Lehren des Christus; Evolution und Einwei-

hung; Meditation und Dienst; politischer und wirtschaftlicher Wandel; Psychologie; Gesundheit; Umwelt; Wissenschaft und Technologie sowie weltweite Wunder. Diese Bücher können als eine spannende Chronik des beginnenden Jahrtausends betrachtet werden.

Botschaften von Maitreya — dem Christus
Herausgegeben von Benjamin Creme (Edition Tetraeder, München 1997)
In den ersten Jahren der Vorbereitung auf sein Hervortreten übermittelte Maitreya durch Benjamin Creme 140 Botschaften bei öffentlichen Vorträgen. Die dabei verwendete Methode, durch die der telepathische Kontakt stattfinden konnte, war die der mentalen Überschattung. Die Botschaften wollen den Leser dazu inspirieren, die Nachricht der Wiederkehr Maitreyas zu verbreiten und sich dringlich für die Rettung von Millionen von Menschen zu engagieren, die in einer Welt des Überflusses in Armut leben und Hunger leiden. Einige Auszüge aus diesen Botschaften sind im vorliegenden Buch als Zitate zu Beginn der Kapitel angeführt.

Lehren der zeitlosen Weisheit
von Benjamin Creme (Edition Tetraeder, München 1997)
Diese Einführung in das spirituelle Vermächtnis der Menschheit enthält die wichtigsten Grundsätze: den göttlichen Plan; die Quellen der Lehren; die Entwicklung des menschlichen Bewusstseins; die Geistige Hierarchie; Energien; die Sieben Strahlen; Karma; Reinkarnation; Einweihung und weitere Themen.
www.shareinternational-de.org

Die Wiederkunft Christi
von Alice A. Bailey (Lucis Trust, Genf 1954)
Dieses Buch liefert die ersten Informationen über die geplante Wiederkehr des Christus und der Meister der Weisheit in die Alltagswelt. Es beschreibt ihre angestrebte Zusammenarbeit mit der Menschheit, um die Welt zu transformieren und einen neuen Frieden auf der Erde zu

sichern. Das Werk wurde Alice Bailey telepathisch vom Meister Djwhal Khul übermittelt, der auch als "der Tibeter" bekannt ist.

Die Geistige Hierarchie tritt in Erscheinung
von Alice A. Bailey (Lucis Trust, Genf 1957)
Wie schon aus dem Titel ersichtlich, enthält dieses Buch einen detaillierten Bericht über das schrittweise Hervortreten der Geistigen Hierarchie — ein Ereignis, das über Hunderte von Jahren geplant wurde. Darüber hinaus beschreibt es die Beziehung zwischen allen Naturreichen und allen Bewusstseinsstufen.
Lucis Trust, 1 rue de Varembé, Postfach 31, 1211 Genf 20, Schweiz
www.lucistrust.org
www.netnews.org/index.html

Die Bücher sind kostenlos in elektronischer Form erhältlich unter:
www.netnews.org/bkgr

Isis entschleiert
von H. P. Blavatsky (Adyar, Satteldorf, 1993 [1877])
Dieses Buch versteht sich als ein Schlüsselwerk zu den alten Mysterien und zu moderner Wissenschaft und Theologie. Es war das erste große literarische Werk von Madame Blavatsky und wurde von der Zeitung *New York Herald* als "eine der bemerkenswertesten Veröffentlichungen des Jahrhunderts" begrüßt. Darin vermittelt Blavatsky dem Leser ein genaues Bild östlicher Adepten und ihrer Wissenschaft. Weitere Themen sind: Vergleiche zwischen Buddhismus und Christentum; Logen; ägyptische Weisheit; die Kabbala; Gnostizismus; platonische Philosophie; Naturzyklen; die alten Mysterien und vieles mehr.

Die Geheimlehre
von H. P. Blavatsky (Verlag Esoterische Philosophie, 1999 [1888])
Blavatsky, die den Meistern im Laufe ihres Lebens oftmals begegnete und auch die Informationen für ihre Bücher von ihnen erhielt, zeigt in diesem Werk, dass die Meister Menschen wie wir sind. Am Ende eines

jeden Jahrhunderts, so schreibt Blavatsky, unternehmen die Meister jeweils einen umfassenden Versuch, der Menschheit bei ihrem geistigen Fortschritt zu helfen. *Die Geheimlehre* befasst sich mit der kosmischen und menschlichen Evolution, mit Mythen und archaischen Symbolen, Wissenschaft und Metaphysik. Seit ihrer Erstveröffentlichung im Jahre 1888 war sie nie vergriffen. Eine verkürzte Ausgabe (Studienausgabe) ist im Adyar-Verlag (Satteldorf) erschienen.

Die Bücher von Helena Blavatsky (englisch) können kostenlos im Internet eingesehen werden unter:
www.blavatsky.net

Über Helena Blavatsky und ihr Wirken:
www.helena-blavatsky.de

Die Geheimlehre und andere theosophische Bücher können im Internet bestellt werden unter: www.geheimlehre.de (deutsch)
www.blavatsky.com (englisch)

Hierarchie und *Herz*
von Helena Roerich (Spirale-Verlag, München 1931/32)
Diese beiden Bücher sind Teil der Agni Yoga-Werke (1924-38). Der Spirale-Verlag veröffentlichte eine Reihe weiterer Bücher einschließlich der *Helena I. Roerich-Briefe*, Band I und II.
Informationen über Helena Roerich und Agni Yoga erhalten Sie bei:
Roerich-Gesellschaft Deutschland, Buchenweg 12, D-72539 Pfronstetten
Agni-Schule, Ruopigenplatz 2, 6015 Reussbühl/Luzern, Schweiz;
Tel./Fax: +41-41-250 82 84
www.agni-schule.ch

Der Flug des Adlers
von J. Krishnamurti (Fischer Taschenbuch Verlag, Frankfurt/Main, erscheint voraussichtlich November 2001)

Dieses Buch ist eine Zusammenstellung der Krishnamurti-Vorträge in London, Amsterdam, Paris und Saanen (Schweiz). Obwohl nicht so bezeichnet, ist es die Lehre der Selbstverwirklichung.
Krishnamurti Foundation of America
P.O. Box 1560, Ojai CA 93024 USA
www.kfa.org

The Visions of the Children
von Janice T. Connell (St. Martin's Press, New York, überarbeitete Ausgabe 1998)
Dieses Buch liefert die Hintergrundinformationen zu den Erscheinungen der Gottesmutter Maria in Medjugorje, einem Dorf in Bosnien. Janice Connell sprach mit den Seherkindern und hat in ihrem Buch deren Erfahrungen festgehalten. Die Erscheinungen der Gottesmutter, die 1981 begannen, haben weltweit großes Interesse geweckt. Millionen von Menschen haben das Dorf besucht, das inzwischen zu einem neuen spirituellen Mekka unserer Zeit geworden ist.
www.janiceconnell.com

The Inner Side of History
von Charles DeMotte (Source Verlag, Mariposa, Kalifornien 1997)
DeMottes profunde Historik-Kenntnisse und sein langjähriges Studium der Zeitlosen Weisheit eröffnen dem Leser interessante neue Einblicke in die Geschichte der westlichen Zivilisationen. Aus der Perspektive jener hochgesteckten Ziele, die die Meister der Weisheit für die menschliche Evolution anstreben, sieht dieses Buch künftige historische Ereignisse voraus.

Transmissions-Meditationsgruppen
Mehr über diesen wichtigen Dienst an der Welt sowie über Kontakte zu Gruppen in Ihrer Nähe erfahren Sie auf den folgenden Webseiten:
www.shareinternational-de.org
www.transmissionsmeditation.de

Share International
Die Zeitschrift weist auf die Synthese hin, die den heute weltweit zu beobachtenden politischen, sozialen, ökonomischen und geistigen Veränderungen zugrunde liegt, und sie sucht zu praktischem Handeln und Mitarbeit bei der Umgestaltung der Welt anzuregen — im Sinne von mehr Gerechtigkeit und Mitgefühl. Unter anderem bringt *Share International* jeden Monat neue Information über den Weltlehrer Maitreya sowie einen Beitrag von einem Meister der Weisheit. Ein Abonnement der Zeitschrift und Exemplare früherer Ausgaben können bei einer der unten angegebenen Adressen angefordert werden. Eine Auswahl der in *Share International* veröffentlichten Artikel ist auf den folgenden Webseiten abrufbar:

www.shareintl.org

www.shareinternational-de.org

Für deutschsprachige Länder:
Edition Tetraeder e.V., Postfach 20 07 01, 80007 München

Für Nord Amerika, Australien, Neuseeland und die Philippinen:
Share International, P.O. Box 971, N. Hollywood, CA 91603, USA

Für Großbritannien:
Share International, P.O. Box 3677, London NW5 1RU, Großbritannien

Für den Rest der Welt:
Share International, P.O. Box 41877, 1009 DB Amsterdam, Niederlande

Information über den Welthunger
Die Internet Seite www.thehungersite.com ist ein innovatives neues Hilfsprogramm zur Ernährung der Hungernden. Besucher der Seite werden aufgefordert, durch Anklicken eines Kästchens eine Nahrungsspende zu veranlassen, die von Sponsoren aus der Wirtschaft gezahlt wird. Das Geld wird an das Welternährungsprogramm der Vereinten Nationen weitergeleitet, die diese Seite unterstützt. Zusätzlich findet

man hier vielseitige Informationen über Probleme wie Hunger, Armut und verwandte Themen sowie Links zu Non-Profit-Gruppen, die durch ihre Arbeit das Leid in der Welt zu lindern helfen.

Tlacote Tabletten & Aqua Nordenau
Aus dem Wasser von Tlacote (Mexiko) und Nordenau (Deutschland) hergestellte homöopathische Mittel können bei folgenden Apotheken bezogen werden:

Tlacote Tabletten
Ainsworth Homeopathic Pharmacy, 38 New Cavendish St., London W1M 7LH, England. Tel. +44-207-935-5330
www.ainsworths.com

Aqua Nordenau
Aqua Nordenau Potenzen sind als Salbe, Tropfen und Globuli in drei Stufen erhältlich: C6, C12, C30. Auf Wunsch schicken die Apotheken Informationsmaterial zu.

West-Apotheke, Senator-Schwartz-Ring 24, D-59494 Soest;
Tel. 0 29 21 / 96 26-0; Fax: 0 29 21 / 96 26-31;
eMail: westapotheke.soest@t-online.de

Löwen-Apotheke, Bahnhofsstraße 58, CH-8001 Zürich;
Tel. 00 41-(0)1-211 35 71; Fax: 0041-(0)1-211 35 72

Informationen über Wunder & Phänomene
Fotos und Berichte über Wunder und Phänomene sind auf folgenden Internetseiten aufgeführt:

www.mcn.org/1/miracles
www.worldteacher.org

Die Große Invokation

Aus dem Quell des Lichts im Denken Gottes
ströme Licht herab ins Menschendenken.
Es werde Licht auf Erden.

Aus dem Quell der Liebe im Herzen Gottes
ströme Liebe aus in alle Menschenherzen.
Möge Christus wiederkommen auf Erden.

Aus dem Zentrum, das den Willen Gottes kennt,
lenke planbeseelte Kraft die kleinen Menschenwillen
zu dem Ziele, dem die Meister wissend dienen.

Durch das Zentrum, das wir Menschheit nennen,
entfalte sich der Plan der Liebe und des Lichts
und siegle zu die Tür zum Übel.

Mögen Licht und Liebe und Kraft
den Plan auf Erden wiederherstellen.

Die Große Invokation ist ein universelles Gebet, das von der Ebene der Geistigen Hierarchie die Energien des Lichts, der Liebe und Kraft (Wille) "hervorruft". Die Invokation ist an keine bestimmte Glaubensrichtung gebunden.

Christus selbst hat die Große Invokation zum ersten Mal 1945 gesprochen, als er den Meistern der Weisheit verkündete, zum frühestmöglichen Zeitpunkt in die Welt zurückzukehren. Die Invokation wurde der Welt vom Meister Djwhal Khul durch Alice A. Bailey übermittelt. Täglich wird sie von Millionen von Männern und Frauen guten Willens auf der ganzen Welt gesprochen.

Zum Autor

Nach Abschluss des Studiums der Internationalen Beziehungen an der Universität von Wisconsin in Madison, trat Wayne Peterson 1964 dem Friedenskorps bei und begann sein Leben im Dienst. Die folgenden zwei Jahre war er mit dem Friedenskorps in Brasilien, wo er die erste öffentliche Wohlfahrtsorganisation ins Leben rief, die bis heute noch im ganzen Land tätig ist.

1967 wurde Peterson vom amerikanischen Präsidenten in den Auslandsdienst der US-Informationsbehörde (USIA*) berufen. Die nächsten 13 Jahre war er in verschiedenen diplomatischen Funktionen in amerikanischen Botschaften in Lateinamerika, Südostasien und Afrika tätig.

1980 quittierte er den Auswärtigen Dienst und kehrte nach Washington zurück, wo er Referent für Strategie und Planung der Informationsbehörde und später Leiter des Fulbright-Stipendienprogramms war, eine Position, die er die nächsten 17 Jahre bekleidete.

Nach 32 Jahren im Dienste der US-Regierung ging Wayne Peterson im Januar 1997 in den Ruhestand. Bis heute ist er seiner Berufung zum Dienst treu geblieben, allerdings in einem anderen Wirkungsbereich.

* Seit 1999 in das State Department eingegliedert.

"Wenn ihr mich seht und hört
werdet ihr feststellen, dass ihr die Wahrheiten,
die ich verkünde, seit langem kennt.
In euren Herzen ruht die Wahrheit Gottes.
Diese einfache Wahrheit, meine Freunde,
liegt allem Sein zugrunde.
Teilen und Gerechtigkeit,
Brüderlichkeit und Freiheit
sind keine neuen Konzepte.
Seit Anbeginn der Zeit
hat die Menschheit ihre große Hoffnung
auf diese verheißungsvollen Sterne gesetzt.
Jetzt meine Freunde, werden wir sie
vom Himmel holen und in der Welt verankern."

—Maitreya, der Weltlehrer

Frühjahrserscheinung 2002
im neue aspekte verlag

Aart Jurriaanse

Philosophie der Synthese
Eine Einführung in die zeitlosen Weisheitslehren

ca. 560 Seiten, Paperback, ISBN 3-9806579-3-0
€ 18,- / sFr 35,20

Philosophie der Synthese führt den Leser in die Grundprinzien der zeitlosen Weisheitslehren ein, die oft auch unter der Bezeichnung „Universelle" oder „Uralte Weisheit" bekannt sind. Ausgangspunkt aller Überlegungen ist die Annahme eines energetischen Universums, in dem sich alles Sichtbare wie Nicht-Sichtbare aus unterschiedlichen Frequenzen vibrierender Energie zusammensetzt. Der Mensch darin muss sich auf seiner langen Evolutionsreise durch die Erfahrungen zahlloser Leben unter immer anderen Umständen und neuen Herausforderungen seinen Weg bahnen. Am Ende dieser beschwerlichen Reise zu seinem wahren Sein steht der ausgeformte, selbstverwirklichte Mensch. Wesentliche Grundbegriffe dieses umfassenden Werkes sind: das neue Zeitalter, die ätherische Welt, das Gesetz von Ursache und Wirkung, die Konstitution des Menschen (Persönlichkeit-Seele-Monade), die Sieben Strahlen, die Geistige Hierarchie, neue Erziehung und Wissenschaft, Heilung, Bewusstsein, Intuition, Spiritualität, Jüngerschaft und Einweihung.

Im Buchhandel erhältlich oder direkt beim neue aspekte verlag,
Postfach 43 08 39, 80738 München, fax 0 89/27 36 99 43,
eMail: navm@aol.com; www.neue-aspekte.de

Im neue aspekte verlag erschienen

Richard Bremer

Zeichen einer neuen Zeit
Eine Fülle von Wundern – Zeugen eines Neubeginns?

16 Farbfotos, 176 Seiten, Paperback, ISBN 3-9806579-0-6
€ 11,80 / sFr 22,80

Wer hat nicht schon von Marienstatuen gehört, die weinen und sich bewegen; von Anhaltern, die sich in Luft auflösen; von Milch trinkenden Götterstatuen; von weißen Bisonkälbern; Lichtkreuzen oder Heilquellen? Aber es geschieht noch viel mehr. In den verschiedensten Religionen und Kulturen erwarten Menschen die Ankunft eines großen Lehrers vom Format eines Christus, Buddha oder Imam Mahdi — und alle jene "Wunder" und großen Veränderungen in der Welt, so wird gesagt, wollen uns darauf aufmerksam machen, dass dieses große Ereignis der Menschheitsgeschichte jetzt unmittelbar bevorsteht. Der niederländische Journalist Richard Bremer sammelt mehr als hundert Berichte aus der internationalen Presse und zeigt erstaunliche Zusammenhänge auf. Ein spannendes und aktuelles Buch — auch für alle diejenigen, die nicht an Wunder glauben.

Im Buchhandel erhältlich oder direkt beim neue aspekte verlag,
Postfach 43 08 39, 80738 München, fax 0 89/27 36 99 43,
eMail: navm@aol.com; www.neue-aspekte.de

Im neue aspekte verlag erschienen

Howard Ray Carey

Verborgene Weisheit der Bibel
Von den Gleichnissen und anderen biblischen
Erzählungen bis zur Wiederkehr Christi

230 Seiten, Paperback, ISBN 3-9806579-1-4
€ 11,80 / sFr 22,80

Im Herzen jeder Religion der Welt gibt es ein gemeinsames Wissen, das uns als Zeitlose Weisheit bekannt ist. Durch die Geschichte hindurch war sie das Fundament, auf der alle organisierten Religionen bewusst oder unbewusst ihr Gebäude errichtet haben. Vor diesem Hintergrund bespricht der Autor einige der wichtigsten Gleichnisse und Lehren in der Bibel und enthüllt ihre verborgene Bedeutung, die heute genauso aktuell ist wie vor 2000 Jahren.

Dabei geht der Autor von einer außergewöhnlichen Prämisse aus: Die Wiederkehr Christi in die heutige Welt hat bereits stattgefunden. Mehr noch: Zwischen den Botschaften Christi in Palästina und dem, was er uns heute sagt, bestehen erstaunliche Parallelen.

Howard Ray Carey war mehr als 50 Jahre Geistlicher der Methodistenkirche. Sein besonderes Anliegen: spirituelle Brücken zwischen dem Christentum und den Lehren der Zeitlosen Weisheit zu bauen.

Im Buchhandel erhältlich oder direkt beim neue aspekte verlag,
Postfach 43 08 39, 80738 München, fax 0 89/27 36 99 43,
eMail: navm@aol.com; www.neue-aspekte.de

neue aspekte verlag / München

Unsere Publikationen und Projekte werden durch die unentgeltliche Mitarbeit von Menschen realisiert, die ihre Kraft, Zeit, ihr Know-how und ihre finanziellen Möglichkeiten für neue Aspekte, neue Perspektiven für ein menschliches Miteinander einsetzen möchten. Die Einnahmen aus der Verlagstätigkeit werden ausschließlich für die Veröffentlichung neuer Bücher, die Finanzierung von Folgeauflagen und anderen Verlagsprojekten verwendet. Sämtliche Verlagsaktivitäten werden durch Spenden finanziert. Dabei können Sie als Spender selber bestimmen, welche Projekte und Bücher Sie durch ihren Beitrag mittragen wollen.

Der neue aspekte verlag / München wurde im Oktober 1998 gegründet mit dem Anliegen, durch die Förderung von Integration und Synthese zur Überbrückung der Spaltungen der in den letzten Jahrhunderten stark auseinandergehenden sozialen, religiösen und philosophischen Anschauungen beizutragen. Die Publikationen umfassen daher alle Bereiche, die den Menschen potenziell zu seiner Entfaltung bringen und an die innere Wirklichkeit anknüpfen.

http://www.neue-aspekte.de